小学卷

研学·中国（陕西）

华夏寻根

HUAXIA XUNGEN

肖云儒　主编　　程　圩　副主编

郭兴文　编著

西北大学出版社

·西安·

图书在版编目(CIP)数据

华夏寻根. 小学卷 / 郭兴文编著. —西安：西北大学出版社，2020.11
（研学·中国 / 肖云儒主编. 陕西）
ISBN 978-7-5604-4568-7

Ⅰ. ①华… Ⅱ. ①郭… Ⅲ. ①文化史—陕西—小学—乡土教材 Ⅳ. ①G624.451

中国版本图书馆 CIP 数据核字(2020)第 142992 号

研学·中国(陕西)

主　编　肖云儒　副主编　程　圩

华夏寻根(小学卷)

编　著　郭兴文

出版发行　西北大学出版社

(西北大学校内　邮编：710069　电话：029-88302621　88303593)

http://nwupress.nwu.edu.cn　E-mail: xdpress@nwu.edu.cn

经　销　全国新华书店
印　装　陕西龙山海天艺术印务有限公司
开　本　787 毫米×960 毫米　1/16
印　张　8

版　次　2020 年 11 月第 1 版
印　次　2020 年 11 月第 1 次印刷
字　数　98 千字

书　号　ISBN 978-7-5604-4568-7
定　价　28.00 元

本版图书如有印装质量问题，请拨打电话 029-88302966 予以调换。

《研学·中国（陕西）》编委会

总　序

学校的宗旨是“传道、授业、解惑”，倡导“学、思、行”结合。进入21世纪，经济合作与发展组织（OECD）率先提出“核心素养”结构模型，欧洲联盟提出“终身学习核心素养”体系，都强调核心素养是个人发展和社会发展的关键。2018年9月，习近平总书记在全国教育大会上的讲话强调：在党的坚强领导下，立足基本国情，遵循教育规律，坚持改革创新，以凝聚人心、完善人格、开发人力、培育人才、造福人民为工作目标，培养德智体美劳全面发展的社会主义建设者和接班人。21世纪，以核心素养为导向的教学改革将推动我国教育事业的改革发展。

我国基础教育阶段学生核心素养的内涵，是基于人的全面发展，体现“促进人的全面发展，适应社会需要”的要求，遵循人的成长规律，提高人的基本素养和能力，涉及知识与技能、过程与方法、情感态度与价值观等内容，促进个体适应社会，终身学习，并全面发展。素养教育可矫正重知识、轻能力、忽略情感态度与价值观的教育缺失。我国长期推行素质教育，而素养教育才刚开始，在实践中还存在着依赖应试教育路径、偏重知识传授、轻视能力培养等问题。素养教育任重道远。

研学旅行有助于贯彻落实党的教育方针，落实立德树人根本任务，实现知行合一，开阔眼界，拓展思维。同时，也可消解基础教育中存在的偏重知识、忽视能力等问题。研学旅行在我国开展的时间虽不长，但效果突出。它经历了

2013—2016 年的试点推进阶段和 2017 年至今的深化提升阶段。

陕西省是全国研学旅行开展较好的省份之一。西安市作为教育部确认的研学旅行首批试点城市之一，在西安市教育局 2014 年颁布的《西安市中小学研学旅行试点工作管理办法（试行）》及市政府办公厅 2016 年颁布的《关于推进中小学研学旅行工作的实施意见》的指导下，总结出了研学旅行西安模式，得到教育部的认可，并在全国加以推广。

开展研学旅行，一是要做好顶层设计，涵盖教育实践读本选择，课程选择，内容设计，基地、营地选择，以及导师配备，等等。二是要做好"五个结合"，即学与行、游与学、观看与体验、有序活动与旅行安全、研学过程与行后作业的结合。三是要做好组织活动单位的选择，重视选择有品质、有信誉的单位。四是要强化具身体验活动，突出学习过程，强调身体、环境和大脑的相互作用，在具身体验中学习知识、获得情感体验。五是重视选择优质的研学产品。六是突出学生的主体地位，挖掘研学基地的价值，找到研学的切入点，抓住学生的兴趣点，激发学生的共鸣点。

目前，我国研学旅行开展得如火如荼，但除基本读物外，高品质的研学旅行知识读本并不多见。《研学・中国（陕西）》分小学卷和中学卷，每卷又分为华夏寻根、丝路探源、革命印记、秦岭文化、科技创新五个主题，各主题独立成册，共两套十册。以习近平新时代中国特色社会主义思想为指导，彰显华夏文明、历史遗产、革命文化、生态文明和科教兴国的特色，力图成为研学旅行精品读物。

本套知识读本的编写，汇集了一批有实力的专家学者，凝聚了一批陕西文化名人的心血。他们对陕西有感情，有研究，编写的内容有高度，有深度，并经多轮研讨修改，使其尽量完善，更加契合陕西教育和研学旅行的特点。希望本套知识读本的出版能够让研学旅行的参与者满意。

陕西师范大学地理科学与旅游学院教授
中国旅游研究院西部旅游发展研究基地首席专家　冯耀峰

2020 年 10 月

前言

研学旅行是由学校根据区域特色、各年龄段学生的特点和各学科教学内容的实际需要，组织学生通过集体旅行、集中食宿的方式走出校园，在社会实践中拓宽视野、丰富阅历、增长见识，加深学生对自然、社会、文化的认知与体验，有效增强学生的创新意识，提高学生的综合素养，提升学生的实践能力，促进学生健康成长和全面发展的一项活动。

研学旅行起源于春秋末期，孔子带领弟子们踏遍山川都邑，考察政风民情，推行周礼文教。为撰写《春秋》，孔子“西观周室，论史记旧闻”（《史记·十二诸侯年表》），尽量“多闻”“多见”“多识”。西汉司马迁在广泛搜集文献资料的同时，漫游大江南北，着意挖掘流传在民间的生动而丰富的口传资料。他从京城长安出发，经江陵抵达汨罗江畔，“窥九疑，浮于沅、湘”，凭吊屈原；“上会稽，探禹穴”，考察了解虞舜、夏禹的事迹和传说；再沿江北上，走访淮阴父老，搜集有关韩信的传闻；然后“北涉汶、泗，讲业齐、鲁之都，观孔子之遗风”；最后“过梁、楚以归”长安，最终编撰成“史家之绝唱”——《史记》。北魏郦道元长期跋山涉水，往返于长城以南和秦岭—淮河以北的广袤区域，游览诸多河流山川和名胜古迹，所到之处即亲自考察，“访渎搜渠”，写出了《水经注》。诸如孔子、司马迁、郦道元等古代文化名人开创的游学之举，孕育形成了我国“读万卷书，行万里路”的教育理念和人文精神，对后世产生了重要而深远的影响。

新文化运动以后，我国著名教育家陶行知提出了“行是知之始，知是行之成”，向社会学习、向实践学习的教育理念，进而提出解放儿童的头脑、双手、眼睛、嘴、空间和时间，以培养儿童的创造力。这已成为我国现当代教育的一大原则。

2013 年，国务院在《国民旅游休闲纲要（2013—2020 年）》中第一次提出“逐步推行中小学生研学旅行”。2014 年，国务院在《关于促进旅游业改革发展的若干意见》中明确提出，将研学旅行纳入中小学生日常教育范畴。2016 年，教育部等十一部门联合印发《关于推进中小学生研学旅行的意见》，明确提出将研学旅行纳入中小学教育教学计划和德育框架。近年来，在试点工作取得成果的基础上，逐步形成了国家重视支持、行业指导有力、社会积极参与、学校主动组织、学生积极参加的良好局面。

为进一步深入挖掘研学实践课程资源，推动研学实践教育走上高速发展的快车道，我们萌发了编写一套既切合研学实际又具有陕西地域特色的研学实践教育读本的想法，从宏观与微观层面为中小学研学实践教育提供内容、信息和建议。

在编写过程中，我们始终坚持以下四个原则：

第一，在指导思想上，坚持以习近平新时代中国特色社会主义思想为指导，遵循“身教最为美，知行不可分”的教育理念，贯彻知与行、学与用、美与善、物质与精神相融合的思想观念，培养学生的社会责任感、创新精神、实践能力和人文素养。

第二，在编写思路上，秉承“寓教于乐、寓教于行、寓教于思”的研学理念，严格落实小学阶段以乡土乡情为主、初中阶段以县情市情为主、高中阶段以省情国情为主的研学实践教育活动要求。

第三，在内容选取上，结合中小学生的认知能力与水平，紧扣陕西的文化内涵与地域特色，围绕华夏寻根、丝路探源、革命印记、秦岭文化、科技创新五大文化主题，形成系列读本，深化学生的知识点，拓宽学生的知识面，提升学生的认知力，强化学生的体验感。

第四，在写作要求上，力求把握三个关键，即丰富知识点、突出体验感、激发探究欲；力争做到三个相融，即点面相融、雅俗相融、动静相融；期望实现三个目标，即成为研学实践的活教材、成为大众旅游的好帮手、成为文化传播的助力器；力戒编写成景点介绍书、一般教科书或专业学术书，努力将一套务实、对路、好用的研学实践教育“活教材”呈现在读者面前。

在具体编写方面，我们重点突出以下三个方向：

一是文化主题系统化。读本的内容设计紧扣五大文化主题，同时与中小学各学科教材紧密结合，在整合、彰显陕西人文与科技资源的基础上，结合研学实践教育特色进行课程化、体系化的梳理，突显陕西特色。

二是难易程度差异化。在读本的内容设计上，依据小学、中学不同学段学生的身心发展特点和认知能力，坚持“小学讲故事，中学讲道理”的差异化编写原则，有针对性地进行知识点的难易区分和语言风格的整体变化。

三是内容形式多样化。在构建主题研学实践教育读本知识体系的过程中，以陕西地域文化为载体，采用讲故事的叙事方式，配以丰富的图片，力求做到图文并茂，并穿插知识链接和探究思考等模块，激励学生在读本的引导下，建立起学习与生活的有机联系，强化研学旅行实践教育体验。

按照以上整体构想和编写要求，经过精心打磨，这套《研学·中国（陕西）》知识读本终于与广大读者见面了。希望它能够为中小学生和家长朋友们及广大旅游爱好者所喜爱，同时也衷心期望得到社会各界的热诚指正。

最后，我想强调说明一点：本套读本是按照全国中小学生研学实践教育西安营地的编写思路进行整体策划构建的，是对陕西各个研学实践教育基地的教育资源的整合，并得到了部分西安市中小学生研学实践教育示范校的认可。此外，本套读本的出版得到了西北大学出版社的鼎力支持，在此表示衷心的感谢！

肖云儒

2020年10月

微信扫码，您将获得
以下读者服务：

★ 电子书阅读
★ 华夏文化故事音频
★ 本书话题交流群
★ 华夏文化拓展阅读资料

目　录

C O N T E N T S

导 读

研习中国传统文化，如尝佳酿，甘洌芳香，如品佳茗，其味醇厚，让人觉得幽香远溢，韵味悠长。因为中国历史与传统文化博大精深，源远流长，经历了几千年的酿制与窖藏。如神秘的中国神话，完全不同于古希腊神话和《圣经》里的神话：盘古开天辟地后，中华大地上出现了一个华胥国，它是原始、自然、和谐的；黄帝梦游华胥国而悟得治国之道，此梦可以说是历史上第一个“中国梦”；中华民族不怕天塌，不畏地陷，因为创世女神女娲可以炼石补天；我们也不怕洪水滔天，不需要用挪亚方舟逃命，因为大禹可以治水；炎帝既教人种庄稼，也为寻找给大众治病的药材而尝百草，“一日而遇七十毒”，以性命寻药、试药……这些不只是早期华夏儿女的淳朴愿望和原始幻想，也是上古社会的缩影，更有助于我们了解中国古典文化。

西周时，统治者以商为鉴，认识到“天命靡常”，天命是靠不住的，从而轻鬼神、重人治，认为天意在于民情，为政需要体察民情、“采诗观风”，就是通过采录民间歌谣了解风俗善恶、民之疾苦、为政得失、官之勤廉。从商朝信天命鬼神，到周朝重民情的人文精神的崛起，可以说是中华历史文化的一次大蜕变。周朝诗礼文化成为中华人文精神的源头，3000 年来一直有着重要影响，至今还点点滴滴地渗

透在人们生活的方方面面。特别是“三礼”中的《仪礼》，记载了周朝的冠、婚、丧、祭、乡、射、朝、聘等8种礼仪规范，其中的许多礼仪形式早已渗透在人们的日常生活、风俗习惯中。即使在偏僻的乡村，婚聘嫁娶或丧葬祭奠中有很多程序和仪式，还保留着周礼的传统，与《仪礼》中的记载相符。特别是乡村中主持这些仪式的老人，哪怕他不识字，没读过“三礼”，若问他为什么要举行这样的仪式，他都会告诉你这是老先人周公制礼传下来的。

研习中国传统文化，你还会发现中国的象形文字如此奇妙，一字一个形象，一字一个发音，一字表达一个含义，音、形、义三位一体。这种文字先天具备一种视觉艺术的功能，于是发展出世界上独一无二的中国书法艺术。从刻画符号、甲骨文、金文、小篆、隶书、楷书、行书、草书一路走来，文字的发展过程伴随着中国历史发展的跌宕起伏。

中国的每一个历史阶段都有无数传奇的历史故事，比如用青铜铸造出一个时代的辉煌，用泥土烧造出“世界第八大奇迹”。

历史有时是血腥残酷的：为了国家统一，有多少英雄将士金戈铁马，喋血沙场；为了民族气节，有多少仁人志士忍辱负重，如苏武牧羊北海，饥吞毡，渴饮雪，冷时抱羊取暖，19年历尽磨难而不改其志，不辱使命。当然，也有争权夺位的宫廷斗争，皇帝的子孙也难免全家遇难遭殃，令人哀叹“不幸生于帝王家”。汉宣帝历经坎坷苦难，却促使他成为一代明君、中兴之主。从汉“文景之治”到唐“贞观之治”，让人感受到的不只是封建盛世，其中还有多少哲人之智慧、深邃的政治文化，伴随着历史的风雨沧桑。

回首历史，梦回大唐，我们的祖先在1300多年前建造出宏伟壮观、举世无双的长安城，同时也出现了传诵千年的唐诗，与这伟大的都市同辉煌。至今，我们仿佛还能在空气中闻到大唐长安城雄浑气势

里挟裹的诗香与墨香。曾经高歌“忆昔开元全盛日，小邑犹藏万家室。稻米流脂粟米白，公私仓廪俱丰实”的诗圣杜甫，在安史之乱后大唐盛世的落日里，瘦骨嶙峋，迎风悲叹吟唱。我们仰望星空，别忘了浩瀚的宇宙中还有一颗以杜甫的名字命名的小行星在绕太阳运转！

习近平总书记曾在联合国教科文组织总部的演讲中提到，中华文明经历了5000多年的历史变迁，始终一脉相承，积淀着中华民族最深层的精神追求，代表着中华民族独特的精神标识，为中华民族生生不息、发展壮大提供了丰厚的滋养。……要让收藏在博物馆里的文物、陈列在广阔大地上的遗产、书写在古籍里的文字都活起来，让中华文明同世界各国人民创造的丰富多彩的文明一道，为人类提供正确的精神指引和强大的精神动力。

身处现代社会文明与传统文化之间，寻根会让你领略中国传统文化的魅力，感悟到一种跨越时空的文化力量，从传统文化的根部汲取塑造人格的营养。人生的旅途很漫长，心灵必须有栖息的绿洲，智慧之灯可以在传统文化中点亮。

华夏寻根，不只是看看历史风雨过后的遗址、遗迹，参观或古朴厚重或造型精美的文物，要从5000多年的文明史中探寻、理解文化的源头，将其化为自己的精神力量！

神话时代

——中华文明追源头

□ 远古第一老祖母
——华胥国与华胥陵

有不少远古神话传说是人类远古的童年记忆，经过口口相传、艺术加工流传下来。世界各民族都有关于人类起源、发展的美好神话故事。

《太平御览》中记载了盘古开天辟地的神话传说。传说上古之时，天地还没有分开，混沌一团，就像一个鸡蛋，而盘古就生化在其中。经历 18000 年，盘古开天辟地，让轻而清的阳性之气上升为天，重而浊的阴性之气下沉为地。盘古在天地之间施展神力，一日九变，每日让天升高一丈，让地增厚一丈。这样又经过了 18000 年，天升到极高，地增至极厚极深。到了燧人氏时代，人们在地上采摘果蔬，在水中捕捞蚌蛤鱼虾，然后生吃。这些东西多腥臊，生吃伤脾胃，因而人们多生疾病。燧人氏便发明了钻木取火，用火来烧烤食物。从此，人们不但能吃到熟食，减少了疾病痛苦，而且冬天能生火取暖，抵御寒冷。1964 年，考古工作者在陕西蓝田公王岭发现了距今 110 万到 115 万年的蓝田猿人的化石，在遗址文化层中，不仅发现了打制的石质工具，还发现了几处灰烬和炭屑，说明那时候蓝田猿人已经会使用简单的工具和火了。从猿到直立人再到智人，人类经历了缺乏记忆的漫长

的蒙昧时期。

中华民族最早称华夏民族，这个称呼是怎么来的呢？我们到陕西蓝田华胥陵去“探望”远古的老祖母华胥吧。

远古人类还处于蒙昧时期，那时有一个华胥国，实为母系氏族部落。那里有一个名叫华胥的美丽女子，有一天她行走在水边，突然发现草地上有一行巨人的足迹，她便好奇地踩了上去，沿着巨人的脚印走了几步。突然间天空电闪雷鸣，一阵大雨过后，空中出现了一道美丽的七彩长虹，好像在围绕着华胥。华胥意念一动，发现自己怀孕了。后来她生下了一儿一女，儿子便是创造八卦、制定嫁娶之礼的伏羲，女儿便是后来炼石补天、抟土造人的女娲。

传说伏羲和女娲长大成人后，突发一场洪水，淹没了整个人类世界。人都淹死了，只有伏羲和女娲幸存下来。为了不使人类灭绝，他

华胥踩巨人脚印图

伏羲女娲图

们兄妹俩必须成婚，但又不好意思，便求问天意。兄妹两人各推一扇磨盘上到山顶，然后同时往下滚磨盘，如果两扇磨盘合在一起，就说明天意让他们成婚。结果两扇磨盘滚下山后合二为一，于是兄妹俩成婚了，人类从此得以繁衍。在骊山上的人祖庙旁有一个磨子沟，沟底下至今还有两块不太规则的圆形巨石重叠在一起。

古老的华胥部落——华胥国，是传说中的理想国度。华胥国大约发源于今蓝田县华胥镇，随着族群的扩大而不断迁徙流动。《列子·黄帝篇》中记载了黄帝梦游华胥国的故事。黄帝统一华夏后，30多年里一直勤劳于国事，后来因忧虑天下得不到治理而吃不下饭，3

个月无心处理政务。有一天，他白天睡觉时做了个梦，在梦中游历了华胥国。他在梦中看到华胥国上无国君，下无贵贱贤愚之分。百姓没有嗜好和欲望，既不贪恋生，也不害怕死；既无亲疏向背之隔，也无爱憎利害之心。他们不害怕水火，也不会被刀砍鞭打、指甲抓挠伤害。云雾和雷霆不能扰乱他们的视觉和听觉，美丑不能干扰他们的心情，山谷也不能阻挡他们的脚步。那真是一个没有人间利害得失的奇妙极乐世界。黄帝醒来后把这个梦告诉了群臣，自己心中大悟。过了 28 年，黄帝把国家治理得国泰民安，几乎和华胥国一样。黄帝梦游华胥国可以说是中国历史上第一个“中国梦”。

基地链接

华胥陵

华胥是迄今为止中华民族传说中最古老的老祖母，是中国上古时期母系氏族部落一位杰出的女首领。华胥陵就是华胥的陵冢，位于陕西省蓝田县华胥镇孟岩村，北枕骊山，南临灞水，隔河与白鹿原相望，是一块风水宝地。华胥陵周围分布着很多与华胥有关的人文遗址和遗迹，如华胥沟、三皇庙、女娲堡、补天台、人祖庙、磨合山、画卦台等。还保存着“三皇”功绩碑，碑上刻有“古华胥国”四个字，左边刻着“伏羲肇娠”，右边刻着“黄帝梦游”。整个陵区古柏参天，钟鼓高悬，殿宇祭台雄伟，常年祭祀不断。这里距离发现有蓝田猿人化石的蓝田县公王岭和代表新石器时代仰韶文化的典型的半坡遗

华胥陵石碑

址都很近，因而有专家综合其他文献和考古资料，认为这里就是中华民族最初繁衍生息的摇篮。

人物档案

伏　羲

伏羲，传说中的人物，所处时代约为旧石器时代中晚期。相传伏羲人首蛇身，与其妹女娲成婚，生儿育女，成为人类的始祖。传说他教民结网，用来捕鸟打猎，并且教会了人们渔猎和驯养野兽的方法。他根据天地间阴阳变化之理创制了八卦，即以 8 种简单而又寓意丰富

伏羲庙

的符号来概括天地万物。他制定了嫁娶制度，实行男女对偶制，结束了子女只知其母不知其父的原始群婚状态。伏羲结束了人类的蒙昧历史，开创了中华文明，在“三皇五帝”的世系中位居“三皇之首”“百王之先”。

女　娲

女娲又称娲皇、女娲氏，上古神话中的创世女神，为华胥所生。她是中国历史神话传说中对万物救助巨大的一位女神。相传女娲一日能创造出 70 样东西。她仿照自己的样子用黄土造人，再施以神力，从而创造了人类。因世间天塌地陷，她又熔彩石以补苍天，斩鳌足以立四极，留下了女娲补天的神话传说。她既充满慈爱地创造了生命，

又勇敢地照顾生灵，使其免受天灾，因而被称为大地之母，是民间千百年来崇拜的创世神和始母神。

事件回放

女娲补天

女娲补天图

相传远古的时候，四根天柱倾折，大地陷裂（根据《史记·补三皇本纪》记载，上古水神共工造反，与火神祝融交战。共工被祝融战败，气得用头撞不周山，导致天柱折断而天塌地陷,天河之水注入人间）。天已损毁，不能覆盖万物；地已塌陷，不能完全承载万物；烈火燃烧不息,洪水一直泛滥；猛兽吞食善良的人，凶猛的禽鸟用利爪抓取年老弱小的人吃掉。女娲不忍看到生灵涂炭、人们受灾，于是冶炼五色石子，去补天上的窟窿；斩断大龟的四脚，竖立成四根顶天的柱子；杀死水中的龙蛇，累积芦苇的灰烬，来阻挡洪水。苍天得以修补，四根天柱得以直立起来，洪水也退了，恶禽猛兽死掉了，生灵得以生存，人们都安居下来。

典制溯源

恭祭华胥陵

华胥陵是中华民族始祖母华胥之陵寝。从华胥到华夏，从华夏到中华，形成了一脉相承的中华民族文化，彰显出中华民族的同根、同源和血脉亲情。千百年来，每年农历二月初二祭祀华胥陵活动延绵成俗，规模盛大。恭祭华胥陵，已成为海内外中华儿女寻根祭祖、缅怀始祖功德、弘扬民族文化、期冀中华民族伟大复兴的又一民族盛典。

嫁娶初礼，规矩方圆

在考古出土的古代画像石中，有很多伏羲、女娲人首蛇身且尾部

汉画像石上的伏羲女娲形象

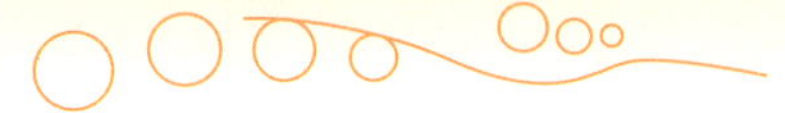

交缠的形象。女娲手举画圆的规，代表女性的圆融阴柔之性；伏羲手举画方的矩，代表男性的方正阳刚之性。二者相携而立，代表刚柔相济、阴阳相生，也代表没有规矩不成方圆；意味着嫁娶之礼的出现，使人类走出蒙昧时期，开始向文明社会过渡。

课程链接

人教版《语文（三年级）》上册《盘古开天地》

人教版《语文（三年级）》下册《女娲补天》

1. 华胥踩巨人的脚印而受孕，这个故事带有浓厚的原始社会母系氏族时代色彩。查资料，了解什么是母系氏族。

2. 女娲炼石补天、抟土造人是很著名的神话，这类神话是对原始社会古老族群中做过重大贡献的首领的纪念。你还知道类似的神话传说吗？

3. 对远古神话传说不能以现代的科学观念去否定，它们在一定程度上反映了早期先民的生活和思想。想一想其中的原因。

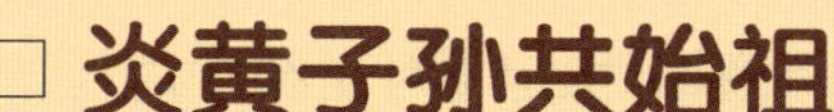

炎黄子孙共始祖

——黄帝与黄帝陵

讲述

中华开国五千年，神州轩辕自古传。

创造指南车，平定蚩尤乱。

世界文明，唯有我先。

这是孙中山先生1912年撰写的《祭黄帝文》，用32个字概括了黄帝的历史功勋。黄帝是中国历史上第一位伟人，是奠定中华文明的第一座基石。

人文初祖殿

远古时期，中华各民族散居在神州各地，有三种社会经济形态：一种是渔猎采集经济，一种是游牧经济，一种是农业经济。渔猎采集经济社会和游牧经济社会，由于食物来源不稳定，因而经常需要游走迁徙，社会形态也很不稳定，但长期狩猎和游牧容易形成强悍的民风。而粮食种植需要一定的周期，人们在生活来源逐渐有保障的前提下定居下来，渐渐步入农业文明社会。

当时中华大地上有很多部族，其中有三大部落联盟最有名。一个是姜姓部落，位于今宝鸡市渭水之南的清姜河流域，其首领是炎帝神农氏。一个是姬姓部落，居住在偏东边的姬水附近，其首领是黄帝轩辕氏。据史书记载，炎帝和黄帝同是少典之子，同出于一族，后来分散迁徙，各自繁衍扩张。日久年深，两个部族的风俗习惯差异越来越大，变成了两个族类。还有一个是九黎族部落联盟，居住在今黄河流域中下游地区以及长江流域一带，蚩尤是其首领。

炎帝采药图

炎帝的部落发展得较早，传说炎帝神农氏“三岁知稼穑”，后来带领族人发展农业。他们开辟山林，放火烧出平

炎帝陵

地，以草木灰为天然的肥料来种植粮食，所以炎帝又叫“烈山氏”。人们生了疾病，便找中草药治疗。炎帝为替民众治病而尝百草，“一日而遇七十毒，得茶以解之”，成为中草药的发现者，所以中国现存最早的中药学著作便称为《神农本草经》。进入农业社会以后，人们的生活相对安定下来。

黄帝本姓公孙，后改姬姓，居轩辕之丘，号轩辕氏。他出生时便显出神奇灵异。黄帝的母亲名附宝，她有一天晚上看到绕北斗第一星

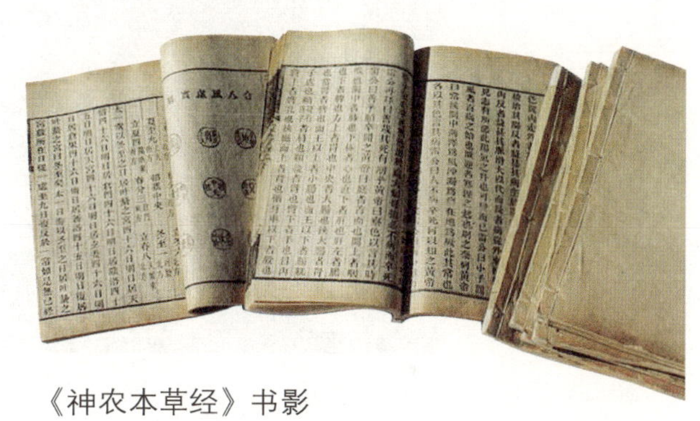

《神农本草经》书影

天枢星起了一道电光，照耀四野，因而怀孕，24个月后生下黄帝。黄帝在襁褓中即会言语，成人后聪慧通达。黄帝在部落内一方面明修政治，种植五谷，发展农业，安抚百姓；一方面整备军旅，组织军队保卫劳动果实，抵御外来部族的侵袭。军队的产生使黄帝部落有了鲜明的国家形态。与此同时，炎帝部落开始衰落，不断受到游牧部落和渔猎经济部族的侵袭，尤其是受到残暴的九黎部落的侵略而战败，却又无力征讨。黄帝部落为了扩大势力范围，与炎帝部落大战于阪泉之野。经过三次大战，炎帝部落战败，归顺于黄帝部落，形成了两大部落的统一。炎帝与黄帝本都是少典之子，所以我们至今还自称“炎黄子孙”。

轩辕黄帝像

黄帝陵

但是，残暴的蚩尤率领九黎部落联盟作乱，不听从黄帝的号令，黄帝便率大军与蚩尤大战于涿鹿（今河北涿鹿县），斩杀了蚩尤。

平定天下后，黄帝虽被推为天下共主，但没过过一天安逸的日子。他率领部下披荆斩棘，开山通路，东边到达渤海，登上丸山（在今山东潍坊）和泰山；西边到达崆峒，登上鸡头山；南边到达长江，登上熊山（即今湖北神农架）和湘山（在今湖南岳阳）；北边驱逐荤粥（xūn yù）游牧民族，各路军队在釜山（在今河北怀来县）会合。黄帝不但组建军队自卫，而且设立百官，都以“云”命名，军队称为“云师”。黄帝带领大家发展生产，种五谷，驯养动物，冶炼铜铁，制造生产工具。黄帝的元妃嫘祖首创种桑养蚕之法、抽丝编绢之术，教百姓做衣裳。史官仓颉负责造字，革除了结绳记事的弊端。在炎帝神农氏以植物本草治病的基础上，黄帝与大臣岐伯、雷公等讨论疾病的

成因、诊断及治疗等，形成了古老的中医理论体系。中国最早的医学典籍《黄帝内经》就是托名于黄帝与岐伯的问答而作，所以中医又称“岐黄之术”。总之，在黄帝时代，中国全面进入了文明社会时代，农业、科技、文化、医学等进入全面大发展时期。

知识链接

基地链接

黄帝陵

黄帝陵是中华民族的始祖轩辕黄帝的陵寝，是《史记》中记载的唯一一座黄帝陵，位于陕西省延安市黄陵县城北桥山，被称为“天下第一陵”“华夏第一陵”，是中华文明的精神标识。黄帝陵古称“桥陵”，是历代帝王和名人祭祀黄帝的场所。历史上举行黄帝祭祀始于秦灵公三年（前 422 年），秦灵公“作吴阳上畤，祭黄帝”。自汉武帝于元封元年（前 110 年）亲率 10 余万大军祭祀黄帝陵以来，桥山一直是历代王朝举行国家大祭之地，保存着汉代至今的

黄帝手植柏

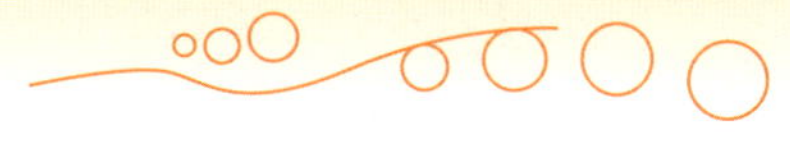

各类文物。黄帝陵古柏群，是中国最古老、覆盖面积最大、保存最完整的古柏群，共有 8 万多株古柏，千年以上的古柏有 3 万多株。黄帝手植柏距今 5000 余年，相传为黄帝亲手所植，是世界上最古老的柏树，被誉为“世界柏树之父”“世界柏树之冠”。

人物档案

炎　帝

炎帝是上古时期姜姓部落的首领，号神农氏，与黄帝同为华夏始祖。传说姜姓部落的首领由于懂得用火而得到王位，故得名炎帝。从神农氏起，姜姓部落共有 9 代炎帝，传位 530 年。炎帝神农氏所处的时代为新石器时代，相传他亲尝百草，发展了用草药治病；他发明了刀耕火种，创制出两种翻土农具，教民垦荒，种植粮食作物；他还领导部落子民制造出饮食用的陶器和炊具，改善了人们的生活条件。作为中华民族第一个由渔猎经济转入农耕经济的氏族部落，炎帝神农氏部落创造了中国的农业文化。

蚩　尤

蚩尤是上古时期九黎族部落联盟的酋长，有兄弟 81 人，个个本领非凡，骁勇善战。传说蚩尤有一天做了一个奇特的梦，梦里被要求奉上帝之命去讨伐炎、黄部落。于是他就率领族人去攻打炎帝部落，把炎帝部落打败了。炎帝与黄帝后来联合起来讨伐蚩尤，蚩尤率领 81 个兄弟重组联军，北上抵御，双方在涿鹿展开激战。蚩尤天生神力，刀枪不入，而且善于使用刀、斧、戈作战，不死不休，勇猛无比。黄帝打不过他，只好请天神相助。最后蚩尤被黄帝杀死。后来黄帝尊蚩尤为“兵主”，即战争之神。蚩尤死后，其勇猛的形象仍然让人畏惧，

《黄帝战蚩尤》壁画

黄帝就把他的形象画在军旗上，用来鼓励自己的军队勇敢作战。

1. 黄帝为什么能成为中华民族的“人文初祖”？我们为什么自称“炎黄子孙”？

2. 为什么说黄帝陵是中华民族的精神标识？

3. 炎帝和黄帝在医学上的贡献是什么？

金鼓铭文

——古国文明显辉煌

□ 象形文字惊鬼神

——仓颉造字与仓颉庙

文字是人类历史上最伟大的发明之一，是人类进入文明社会的一个重要标志。人类可以利用文字跨越时空，传承前人的精神财富。那么，中国的汉字是怎么诞生的呢?

在文字产生以前，古人结绳记事，大事打一个大结，小事打一个小结。后又发展到用刀子在木、竹、陶器上刻画符号记事。考古工作者在西安半坡仰韶文化遗址出土的7000年前的陶器上，发现了20多个表达某种意思的刻画符号，这便是文字的前身，其后便有了刻在龟甲兽骨上的甲骨文。随着历史的发展，事情繁杂，名物繁多，使用结绳和刻画符号已远远不能满足需要，这就有了创造文字的迫切要求。于是出现了仓颉“始作书契，以代结绳”的传说。

半坡遗址出土的带有刻画符号的陶片

仓颉画像

相传仓颉是轩辕黄帝的史官，天生四目重瞳，十分聪慧，记忆力超群。黄帝率部族四处讨伐征战，功过赏罚、军需供应、粮仓牲畜数量等都让他记下来。仓颉做事认真，记得很准，开始很少出差错。可是后来事情太多太杂，光凭结绳和脑袋已经记不住了，仓颉也犯难了。于是他日夜思考有没有记事的好方法。

仓颉到处观察，夜观天上星斗的分布情况，日观山川河流的形象、牛马走过的蹄印、鸟兽虫鱼的痕迹、草木器具的形状。他发现万事万物都有自己的特征，如能抓住事物的特征，将其画成图像，大家就能认识。于是他认真描摹绘写，刻画出种种不同的象形符号，并且定下了每个符号所代表的意思，最初的象形文字就诞生了。仓颉试着用这种象形符号拼成几段话拿给别人看，经他解说，别人都能看明白。仓颉把这种符号叫作字。

传说仓颉造字成功后，发生了惊天动地的怪事：那一天白天竟然下粟如雨，晚上能听到鬼哭魂号。为什么会下粟如雨呢？因为仓颉造出了文字，可用来传达心意、记载事物，自然值得庆贺。但是，鬼魂为什么会哭呢？有人说，因为有了文字，民智开启，狡诈欺骗、争夺杀戮由此而生，天下从此永无太平，连鬼也不得安宁，所以鬼要哭了。

但学术界普遍认为汉字由仓颉一人创造只是传说，如鲁迅先生在《门外文谈》中就说过：“仓颉也不止一个，有的在刀柄上刻一点图，

有的在门户上画一些画，心心相印，口口相传，文字就多起来。史官一采集，便可以敷衍记事了。中国文字的由来，恐怕也逃不出这例子的。”仓颉很可能只是对汉字做了系统全面的整理。他在把流传于先民中的刻画符号进行搜集、整理和使用的过程中发挥了重要作用，所以被后人尊为“造字圣人”。

传说，黄帝知道仓颉造字成功后十分高兴，大加赞赏，立即召集九州酋长，让仓颉把造的字传授给他们，并命令仓颉到各个部落去传授，留下象形文字的范本，以便发布号令，传递信息。这些符号的用法由此得到了全面推广。所以中国很多地方都有仓颉造字的传说和仓颉造字台的历史遗迹。

仓颉造字对中华民族走向繁荣昌盛起到了重要的作用，没有仓颉造字，就没有中华民族5000年历史的辉煌。所以仓颉的“倉”（“仓”

仓颉庙（李国庆/摄影）

的繁体字）姓，被誉为“君上一人，人下一君”。他在历史上的地位与轩辕黄帝相当。陕西省渭南市白水县仓颉庙前的楹联“明四目而制六书，万世文字之祖；运一心以赞两仪，千古士儒之师”，可以说是对“中华文祖”仓颉伟大功绩的高度概括。

仓颉墓东门（书畲/摄影）

基地链接

仓颉庙

仓颉庙是为了纪念文字始祖仓颉所建的庙宇，全国有多处。陕西省渭南市白水县仓颉庙是历史最悠久的一座，庙内有仓颉的陵墓。据史料记载，早在东汉延熹年间白水已有“建庙之举”，并形成了一定的规模。所以，白水仓颉庙有文字可考的庙史已有1800余年，无文字记载的历史，据民间传说则可上溯到黄帝时代。

白水仓颉庙北临黄龙山，南望洛河水，庙高垣厚，格局完整，有山门、东西戏楼、前殿、报厅、中殿、寝殿、钟鼓楼、东西厢房等。

仓颉庙古柏（李国庆/摄影）

紧贴后殿为仓颉墓冢和墓园。庙内现存建筑多为元、明、清三代所建，装饰华丽，地方色彩浓厚。后殿和正殿两旁陈列着历代碑刻，其中以《仓圣鸟迹书碑》和《仓颉庙碑》最为珍贵。后者已移入西安碑林博物馆，它不但是仓颉造字的纪功碑，还是金石学上的汉碑珍品。庙内还有多幅古壁画，大多与黄帝和仓颉有关，虽然创作年代不详，但意境优美，人物栩栩如生，艺术价值极高。庙院内古柏参天，郁郁葱葱，共有古柏 40 多株、古槐 10 多株，枝叶覆盖相交，虬枝盘旋，各具姿态。

名物疏解

《仓圣鸟迹书碑》

《仓圣鸟迹书碑》立于清乾隆十九年（1754 年），碑面镌刻的 28 个字由当时的白水知县梁善长摹写。文字由小的图形和画面组成，传

说就是仓颉最初所造。宋代《淳化阁帖》注为："戊己甲乙，居首共友，所止列世，式气光名，左互×家，受赤水尊，戈矛釜芾。"前 16 字记述炎、黄二帝同为部落首领，他们的行为是天下各个小部落首领的楷模。后 12 字记述黄帝征服炎帝和平定蚩尤之乱，天下恢复安宁，百姓安居乐业，黄帝成为天下部落的首领。

清代《仓圣鸟迹书碑》

课程链接

人教版《语文（五年级）》上册《遨游汉字王国》《有趣的汉字》《我爱你，汉字》

1. 对一个民族来说，文字的产生有什么重要意义？

2. 仓颉造字为什么会成为流传广泛的神话传说？

3. 你认为字是仓颉一个人造的吗？

□ 青铜时代到巅峰
——金文与宝鸡青铜器博物院

在帝尧时代，有邰氏部落有个女子名叫姜嫄，有一天她到野外去，看到地上有巨人的脚印，就兴奋地踩上去，突然觉得腹中微动，好像有胎儿一般，后来果然怀孕，生下一个儿子。姜嫄未婚而孕，认为很不吉利，就把这个孩子抛弃在狭窄的巷子里。可是奇怪的事情发生了：牛马路过都自觉避开，绝不踩到孩子。姜嫄将这个孩子丢到林中，林中的人却为孩子铺上褥子，盖上被子。姜嫄又将孩子丢弃到寒冰上，飞鸟都飞过来用翅膀保护这个孩子。姜嫄感到很奇怪，于是把孩子抱回家，取名叫弃。姜嫄后来成为黄帝的曾孙帝喾的元妃，这个三次被遗弃的孩子弃因善于农耕而被帝尧封为稷官，负责管理农业。帝尧以邰为国，并封弃于邰，赐号“后稷”。

后稷雕像

商代，后稷传到第 12 代孙古公亶父时，居住在豳地（今陕西彬州、旬邑一带），经常

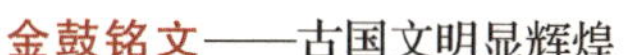

遭受西北戎狄部落的侵袭。古公亶父带领族人从豳地迁到了岐山脚下的周原地区（今陕西宝鸡岐山），那里土地肥沃，水草丰茂，适宜农作物生长。古公亶父建国号为周，他的孙子姬昌便是中国历史上的一代明君周文王。周文王勤于政事，重视农业生产，笃行仁义，礼贤下士。有关他的最著名的历史故事就是他从渭水之滨请来了姜子牙，并拜姜子牙为军师，制定军国大计，收服了虞国和芮国，攻灭了黎国（在今山西长治）、邘国（在今河南沁阳）等国，使天下三分，其二归周。他还修建了丰京（在今陕西西安沣河西岸），将周的都城由周原迁至丰京，为周武王灭商奠定了基础。

公元前 1056 年，周文王死后，他的二儿子姬发继位，便是周武王。周武王继承父志，重用姜子牙、周公旦、召公奭等人治理国家，国力日益强盛。他又在沣河东岸建立镐京。公元前 1048 年，周武王观兵孟津（今河南孟津县），“八百诸侯会盟”，结成军事联盟。公元前 1046 年，周武王与军师姜子牙率诸侯联军讨伐商纣王，在牧野（今河南新乡附近）与商朝军队展开了一场大决战。周军以少胜多，大获全胜。周武王率军乘胜追击，一举攻下商朝都城，商纣王自焚于鹿台，商王朝至此灭亡。中国历史上历时最长、拥有近 800 年历史的周王朝正式建立。

夏、商、周三代是我国的“青铜时代”。大禹治水后传位给儿子启，结束了原始社会后期的禅让制，建立了王位世袭制的夏王朝，共传位 17 代 400 多年。如今关于夏朝虽然有不少考古发现，但却没发现文物上有文字记载。商朝历时 500 多年，已进入青铜铸造的辉煌时代，如今虽出土了大量造型精美的青铜器，但青铜器上的文字却很少。商朝留下的文字主要是在殷墟发现的 15 万片刻在龟甲兽骨上的卜辞，即甲骨文。周王朝建立后，集三代文化之大成，留下了《周

礼》《仪礼》《礼记》《周易》《诗经》等大量传世文献，记载了周代社会的政治、经济、礼制、文化、风俗等珍贵史料，内容极为丰富。这些文献反映了西周时形成了以礼治国的理念和一整套礼仪规范，创造了灿烂的礼制文化，从此中华民族踏上了礼仪之邦、文明古国的历史旅途。

更为重要的是，随着生产力的发展，周王朝全面继承了夏、商两代的青铜器冶炼和铸造技术，使我国进入了辉煌灿烂的青铜时代巅峰时期，留下了大量的青铜瑰宝。早在汉代就有青铜器出土，汉武帝曾在汾河畔得到一尊宝鼎，以为祥瑞，于是改年号为“元鼎”。陕西宝鸡地区历代都有西周青铜瑰宝出土，被誉为“晚清四大国宝”的毛公鼎、大盂鼎、散氏盘、虢季子白盘都出土于宝鸡。中华人民共和国成立后，考古工作者在宝鸡又发现了大批青铜器窖藏与墓葬。

周代的青铜器造型浑厚凝重，花纹繁缛富丽，更重要的是大量青铜钟、鼎、簋、盘上都铸有长篇铭文，这些铭文称为“金文”或“吉金文字”。因为青铜器中的乐器以钟为代表，礼器以鼎为代表，所以铸刻在青铜器上的文字过去也叫“钟鼎文”。从商代末期到秦始皇统一六国，金文上承商代甲骨文，下启秦朝小篆，前后使用了约 800 年。从西周到春秋战国，金文被广泛使用，堪称全盛时期。

虢季子白盘

宝鸡被称为青铜器之乡，目前考古发现青铜器有6万多件。其中，铭文最长的当属毛公鼎（现藏于台北故宫博物院），有497字，是一篇完整的册命。1976年出土于宝鸡扶风县庄白一号墓窖藏的墙盘，底部铸有铭文284字，前段颂扬西周文、武、成、康、昭、穆、共7代周王的功绩，后段记叙微氏家族高祖、烈祖、乙祖、亚祖、文考和制盘者自身6代的事迹。2003年出土于宝鸡眉县杨家村青铜器窖藏的逨盘，号称“中国第一盘”，盘底铸造铭文约370字，记载了单氏家族8代人辅佐西周12位周王（从周文王到周宣王）征战、理政、管理山川林泽的历史。这些长篇铭文如同青铜史书，印证了历史文献的记载。何尊的122字铭文记载了周成王营建东都成周（洛邑），第一

墙盘

逨盘

何尊及其铭文中的“中国”二字

倗匜

次使用“中国”一词。倗匜的157字铭文记载了牧牛“诬告”了上司而被判处鞭刑及缴纳罚金一事，这是记录中国第一份法律判决文书的青铜器。大量的青铜器铭文成为我们研究当时社会政治、经济、文化的重要资料。

这些纹饰繁缛、图案精美的青铜器，很多是在器物内壁和底部铭刻金文，古代工匠是怎么制作出来的呢？专家学者们进行了很多研究，有人提出了黄土铸模法，有人提出了失蜡法，似乎都不能完全说明问题。不管怎样，这些青铜器都说明3000年前我国的青铜器冶炼和铸造工艺已达到了相当高的水平,展示了精益求精的大国工匠精神。

从仓颉造字到商代甲骨文再到周代金文,中国象形文字初步走向成熟。尽管字形、偏旁、部首之类还没有固定下来，但已有了“六书”的概念。贵族子弟入学，不仅要学识字和写字，还要懂得字的结构和使用方法。东汉许慎在《说文解字》中将汉字的构成和使用方式归纳成6种类型：象形、指事、会意、形声、转注、假借，即“六书”。据容庚《金文编》记载，已发现金文3722字，其中可以识别的有2420字。

从西周到春秋战国，各国文字不统一，妨碍了各地经济、文化交流，也影响了政策法令的有效推行。秦始皇统一六国后，实行“书同文”，以秦国文字为基础，创造出一种形体匀圆齐整、笔画简略的新文字，称为秦篆，又称小篆，形成了中国统一的文字。

基地链接

宝鸡青铜器博物院

宝鸡青铜器博物院位于陕西省宝鸡市石鼓山风景区内，西邻古朴挺拔的石鼓阁，东接蜿蜒清澈的茵香河，南依巍巍秦岭，北望滔滔渭水。建筑为风格独特的“平台五鼎”造型，气势雄伟，新颖别致，浓缩了西周列鼎制度的深刻内涵。主体建筑分为五层，建筑形象运用了高台门阙、青铜厚土的建筑语言，寓意着宝鸡悠久的历史文化在中国古代文明中的地位，同时也完美地结合了石鼓文化与青铜文化。展馆内以青铜瑰宝陈列展示了周族兴起、古公迁岐、武王灭商、分封诸侯、周公礼制、秦君游猎、穆公称霸等一系列重大史实，生动地再现了周秦王朝的各个历史侧面，能使人们认识到青铜文化的魂之所在，

宝鸡青铜器博物院

看到周秦文明对华夏5000年所做的巨大贡献。院藏文物12000余件(组),其中一级文物120余件,包括何尊、折觥、厉王胡簋、墙盘、秦公镈等禁止出境文物。

人物档案

古公亶父

古公亶父是周祖后稷的第12代孙,西伯君主,周文王的祖父。周武王姬发灭商建立周王朝时,追谥他为周太王。古公亶父在周族发展史上是一个上承后稷,下启周文王、周武王之盛世的关键人物。他带领族人迁到周原地区,并继承先祖后稷的遗风,勤于农事,开垦荒地,发展生产,所种田地收成丰美,于是把民众分成邑落,使其定居下来。古公亶父在周原建筑城邑房屋,设立官吏,建立诸侯国,得到了商王朝的认可。因地处周原而自称周人,定国号为周,初具国家雏形。率族人西迁至位于岐山之阳的周原和开始翦商的事业,是古公亶父的两项历史功绩;更为重要的是,由他开始了灿烂的周原文化。

周太王陵

周　公

周公,姓姬名旦,是周文王姬昌的第四个儿子,周武王姬发的弟弟。他一生的功绩被《尚书·大传》概括为:"一年救乱,二年克殷,三年践奄，四年建侯卫，五年营成周，六年制礼作乐，七年致政成王。”武王在灭商三年后去世，当时周成王幼小，周公怕天下人听说武王已死而背叛朝廷，就替周成王处理政务，主持国家大政。周公的兄弟管叔、蔡叔勾结商纣王的儿子武庚发动叛乱，周公东征，诛斩管叔，杀掉武庚，流放蔡叔，收服殷商遗民，平定了叛乱。他还乘胜向东方进军，灭掉了奄（今山东曲阜）等50多个国家，把蜚廉赶到海边杀掉，从此周的势力延伸到海边。周公摄政期间，对内提出了各方面带有根本性的典章制度，制定了完整的礼仪制度，完善了宗法制度、分封制、嫡长子继承制和井田制，对中国封建社会产生了极大的影响，为周朝近800年的统治奠定了基础。

周公雕像

1. 以实物举例，说一说为什么西周时青铜时代会达到巅峰。

2. 从象形文字发展的角度来看，西周的金文达到了什么阶段？

3. 发挥你的想象力，说一说你认为青铜器内壁的文字是怎么铸刻上去的。

□ 秦国崛起有先声

——石鼓文与中华石鼓园

周人的祖先善于经营农业，是农神后稷的后代。秦人的祖先却善于养马和驾车，是颛顼的后代，曾经跟着大禹治过水，给商王成汤赶过马车。

周朝建立后，虽然始终重视农业发展，但是为了抵御游牧民族的侵扰，经常会发生战争，所以也很需要战马。于是周孝王便把一个名叫非子的秦人先祖召来，让他在汧水和渭水汇合处的平原上主管养马。非子特别会养马，马养得膘肥体壮，马群繁殖得也很快。周孝王对非子十分赏识，分给他土地，作为自己的附庸国。附庸国虽然比不上诸侯国，但秦人这时的地位毕竟比以前有了很大的提高。当时西周的边境经常受到戎狄部落骚扰，他们甚至入境掠夺财物和人口。为了抵抗戎狄部落的进攻，善于养马且战斗力强的秦人受到了重视。到周宣王时，秦人因为在抵御戎狄的战斗中多次立功，他们的国君秦仲被周宣王封为大夫。秦仲做了大夫后，受到周宣王的宠信，率领秦人向西戎进攻，在一次战斗中战败阵亡。

秦仲死后，他的大儿子秦庄公率兄弟带兵继续同西戎作战，取得了胜利。秦人在养马和战斗的过程中不断发展壮大，成为一个英勇善

战的族群，以战立国，即将在中国历史上发挥更大的作用。

到了西周末年，公元前770年，周平王东迁洛邑，秦襄公率领秦兵一路护送，被封为诸侯，秦国自此成为西周的诸侯国。这在中国历史上算是一件大事，对于当时地位还比较低下的秦人来说，更是举国欢庆的天大喜事。如何纪念这件事呢？古人一般都会把重要的事情铭金刻石：铭金就是在青铜器上铸刻铭文，刻石就是把纪念文字刻在石头上，以传后世，永久纪念。石鼓文就诞生了。

石鼓文作为先秦时期的刻石文字，因其刻石外形似鼓而得名。发现于唐初，共计10枚，上面分别刻有大篆四言诗一首，共10首，计718字。其内容最早被认为是记叙秦王出猎的场面。石鼓文中歌颂“吾车既工，吾马既同。吾车既好，吾马既阜。君子员猎，员猎员游”，反复歌颂秦人的车做工精良，马养得肥壮。

可惜这些石鼓后来散落于荒郊野外，淹没在历史长河里，直到唐初贞观年间在宝鸡陈仓才重新被人发现。因为年代久远，无年代款识，也无作者姓名，加之诗文缺字、文字古奥难识、诗意含蓄隐晦等诸多原因，人们不知所写为何，产生于何时，所作何用。但石鼓文一经发现就引起了轰动，因为这是我国现存最早的石刻文字。对它的历史起源及文字内容，1000多年来人们提出了无数观点，发表过很多看法，历代都有诗人写诗称赞。

石鼓文

石鼓文的字体方正丰厚，古茂雄秀，上承西周金文，下启秦代小篆，是由大篆向小篆

中华石鼓园

衍变而又尚未定型的过渡性字体，被历代书法家视为临习篆书的重要范本，故有“书家第一法则”的称誉。

石鼓文原石现藏于故宫博物院石鼓馆，是中国九大镇国之宝之一。正因这些石鼓和大秦帝国辉煌的发展历史，宝鸡建立了中华石鼓园与雄伟的石鼓阁。

基地链接

中华石鼓园

中华石鼓园坐落在石鼓出土地——陕西省宝鸡市石鼓山上，东临茵香河，南靠秦岭主峰鸡峰山，西望宝鸡市区，北瞰渭河。利用自然崖体做成的周秦文化墙，展示了周秦族人发展壮大的历史过程；以

“仁义礼智信”为主题的五德园景区，阐释了中华民族精神文明的主要特征和历史渊源；横贯石鼓阁东西的汉文字长廊，反映了汉文字发展演变的历程，记载了周秦时期对汉文字发展所做的重大贡献；祭天敬祖广场以及祭天敬祖台，展示了祖先祭祀祈祷的神圣场景。

石鼓阁

石鼓阁是中华石鼓园的标志性建筑之一，为仿秦汉建筑风格，采用外五内九的层级设置，喻示着周秦文明在中华民族历史上的地位；主要展示石鼓文化和历代优秀书法作品，并供游人鸟瞰宝鸡市貌，是宝鸡市的地标性建筑。

1. 石鼓文为什么被列入中国九大镇国之宝？

2. 石鼓文对书法艺术有什么影响？

3. 秦国的车做工精良，马养得肥壮，对秦国的发展有什么重要作用和意义？

□ 时空穿越三千年

——《诗经》与诗经里

西周是集三代文化之大成的朝代，它的核心文化有三大块：一是青铜文化；二是宗法制度下的礼制文化，以传世的“三礼”（《周礼》《仪礼》《礼记》）为代表；三是诗歌文化，中国第一部辉煌的诗歌总集《诗经》，收集了西周初年至春秋中叶的诗歌，代表着我国早期四言诗的最高峰。

诗是最古老、最具有文学特质的文学形式，起源于上古的劳动生产号子、原始宗教信仰，以及以歌舞形式表达对祖宗神灵的敬畏与赞美的颂词。由于上古没有搜集整理和文字记录，所以难以流传下来。到了西周时期，这些由生产劳动、两性相恋、原始宗教等产生的有韵律、富有感情色彩的诗歌不但被用文字记录下来，有的还铸刻在青铜器上，刻在石鼓上，比如西周墙盘上的284字铭文采用的就是四言诗体，而石鼓文更是标准的四言赞美诗。

西周统治者一反商王朝迷信天命，事事都要占卜的做法，转而轻鬼神、重人治，完成了中华历史文化中人文精神的一次大蜕变。为了“观风俗，知得失”，深入了解民风民俗、民情民意，形成了一种“采风”制度：每年二月派人摇着长木柄的大铃“木铎”深入民间，把反

映人民欢乐疾苦，以及带有怨愤和讽刺的歌谣，采集整理后送到丰、镐二京，交给太师，谱曲演唱给周天子听，用于考察四方风俗善恶、民情民意和施政得失。所以大量的诗被记录并流传下来。到了春秋时期，孔子整理选编成《诗经》，这是我国第一部诗歌总集，是中华民族文艺宝库中一颗璀璨的明珠，被后世尊为儒家经典。所以可以说，陕西是中国诗歌的发源地，长安是诗歌的故乡。

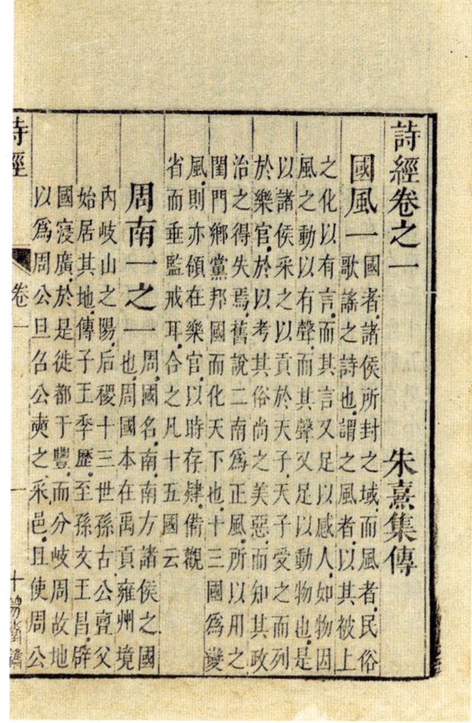
詩經卷之一　朱熹集傳
國風一　國者諸侯所封之域而風者民俗歌謠之詩也謂之風者以其被上之化以有言而其言又足以感人如物因風之動以有聲而其聲又足以動物也是以諸侯采之以貢於天子天子受之而列於樂官於以考其俗尚之美惡而知其政治之得失焉舊說二南為正風所以用之閨門鄉黨邦國而化天下也十三國為變風則亦領在樂官以時存肄備觀省而垂監戒耳合之凡十五國云
周南一之一　周國名南南方諸侯之國也周國本在禹貢雍州境內岐山之陽后稷十三世孫古公亶父始居其地傳子王季歷至孫文王昌辟國寢廣於是徙都于豐而分岐周故地以為周公旦名公奭之采邑且使周公
詩經　卷一　一

《诗经》书影

传世的《诗经》共编选诗305首，分《风》《雅》《颂》三大部分。《国风》是15个诸侯国的民间歌谣，是《诗经》的精华部分，以优美的诗句和绚丽多彩的生活画面，反映了劳动人民真实的生活，表达了他们对受剥削、受压迫的处境的不满和争取美好生活的愿望。《国风》是中国现实主义诗歌的源头。《雅》是周人的正声雅乐，分为《大雅》《小雅》，是贵族祭祀时的诗歌，内容多是祈祷丰年、赞颂先祖功德。除了宴会乐歌、祭祀乐歌和史诗之外，也有一些反映人民愿望的讽刺诗。特别是《小雅》中选有部分民歌。《颂》是周王室和贵族用于宗庙祭祀的乐歌，分为《周颂》《鲁颂》和《商颂》。

《诗经》是西周时期社会各阶层生活的反映，其中有贵族对先祖创业的颂歌，有祭祀神鬼的乐章，有反映诸侯贵族之间宴饮交往的篇

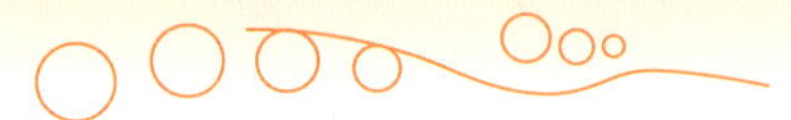

章，有反映劳动、打猎、恋爱、婚姻、社会习俗等方面的动人篇章，更可贵的是还有民间怨愤之声。孔子以“兴观群怨”称赞诗的社会功能，号召弟子们学诗：“小子，何莫学夫《诗》？《诗》，可以兴，可以观，可以群，可以怨。迩之事父，远之事君。多识于鸟兽草木之名。”意思是：“弟子们，你们为什么不学习《诗》呢？读《诗》，可以激发想象力，可以提高观察力，可以与人和谐相处，可以表达哀怨。往近处说，可以懂得如何孝敬父母；往远处说，可以懂得怎样侍奉君王。还可以知道不少鸟兽草木的名称。”

西周时期，恋爱十分自由，因此《诗经》中有很多描写男女爱情的篇章，有春心萌动的美好期盼，有缠绵悱恻的深切思念，有美好温馨的两情相悦，也有相守多年最终离散的结局……《诗经》中的第一首诗《周南·关雎》：“关关雎鸠，在河之洲。窈窕淑女，君子好

诗经里

逑。……”描写了青年男子对所爱慕女子的渴望与追求。《王风·采葛》中“一日不见，如三秋兮”，意思是一天不见心上人，就好像隔了三个秋天那么久。简单而热烈的诗句把相思之情表达得淋漓尽致，成为人们表达相思之苦的千古绝唱。《邶风·击鼓》中“执子之手，与子偕老”描写了难舍难分之情和白头偕老的愿望，这种平凡而真诚的诺言最为感人。

《国风》里的《豳风》，除了赞美周人先祖的诗篇外，更多的是描写劳动人民生产、生活情景的诗篇。首篇《七月》描写了农民一年到头无休止地劳动和他们的生活状况。《鸱鸮》是一首禽言诗，借一只雌鸟的口气诉说自己的不幸遭遇，曲折地反映了人生的疾苦。《东山》则把落笔点转向战场，描写了一个出征战士内心的悲伤、追求与渴望。

《诗经》里的作品，无论是描写恋人情怀，还是描写苦难生活，无不率性自然，洋溢着黄土地上孕育出来的古朴民风。

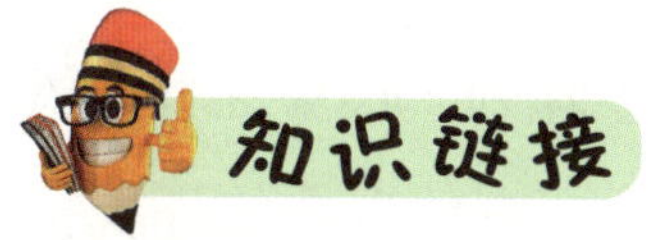

基地链接

诗经里

诗经里是全国首个以《诗经》为主题的特色小镇，位于陕西省西安市沣河之滨，西周丰、镐二京遗址附近。诗经里以《诗经》文化为魂，将《诗经》中涉及的这片土地上所有的风物、民俗、音乐、人物，都转化为现实的景观和建筑。这里有国风广场、鹿鸣食街、关雎广场、小雅书社等一系列与《诗经》相对应、相融合的建筑和景观，

诗经里大门

还有《诗经》、礼乐盛典表演。从现代化大都市走进诗经里，犹如穿越了三千年时空——这里复原了周代古礼，一揖一让，庄重肃穆。在诗经里，还有中国古琴博物馆，可以观经典唐琴陈列，欣赏身着古风琴服的琴师现场演奏《关山月》《蒹葭苍苍》等，古色古香的环境搭配优美的乐器演奏，令人陶醉在琴诗和鸣中。在诗经文化中心，可以观看诗经文化巨幕演出，在演出中感悟诗歌经典，沉醉于诗歌、音乐、舞蹈三位一体的表演中。宏大的场面和风雅的表演，能让人体会到《诗经》之美和远古盛世的芳华。

典制溯源

采诗观风

采诗观风是西周时期的一种制度。夏、商王朝统治者迷信天命鬼

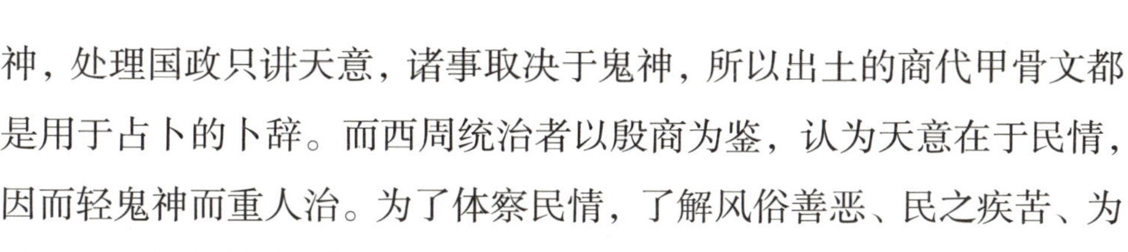

神，处理国政只讲天意，诸事取决于鬼神，所以出土的商代甲骨文都是用于占卜的卜辞。而西周统治者以殷商为鉴，认为天意在于民情，因而轻鬼神而重人治。为了体察民情，了解风俗善恶、民之疾苦、为政得失、官之勤廉，周王室设立了主管全国采诗观风的太师，形成了一套完整的采诗观风制度。

名物疏解

采诗官

周王室设立太师主管全国采诗观风，还设立了专门负责采诗的官员，称为采诗官，又称风人。一般选择“男年六十，女年五十，无子

十五国风舆地图

者，官衣食之，使之民间求诗”，就是选择年龄较大、没有子女的男女，供给他们衣食，让他们手持木铎到民间广泛采诗。在所有与文化有关的职业中，采诗官是最古老、最有文化品位的一种。我们今天之所以能读到反映远古先民生活情景和诗意灵性的《诗经》，与采诗观风制度和采诗官的劳动是分不开的。

1. 周朝为什么要推行采诗观风制度？

2. 为什么说《国风》是《诗经》的精华部分？

3. 从《诗经》中挑出你喜欢的篇章熟读并背诵，仔细体会其中的韵律和反映的情感。

秦砖汉瓦

——秦汉帝国再呈现

微信扫码，领取
本书电子书

□ 大秦帝国扬军威
——兵马俑与秦始皇帝陵博物院

商、周时代盛行活人殉葬制度，就是用活人为死去的国王或奴隶主贵族殉葬。殉葬人有的是被活埋，也有被杀或自杀后陪葬的，非常残酷。根据考古发现，中国的殉葬制度始于商代。在河南安阳发掘的贵族奴隶主墓葬中，一般都有几个人或几十个人殉葬，有的大墓中甚至有二三百人殉葬。为什么要用活人殉葬呢？因为古人相信，人死以后灵魂会在另一个世界里生活，墓葬就是墓主在另一个世界的居所，所以一切都按照“事死如事生”的礼制安排。奴隶主贵族死后，都用亲信和奴隶殉葬，以便死后继续使唤、奴役他们。

春秋战国时期，这种以活人殉葬的风气在各诸侯国都很盛行，《墨子·节葬》中说：“天子杀殉，众者数百，寡者数十；将军、大夫杀殉，众者数十，寡者数人。”说明人殉制度在先秦时期十分盛行。

这种残忍的制度在秦国也存在。据《史记·秦本纪》记载，秦武公二十年（前 678 年），秦武公死时用人殉 66 人。“春秋五霸”之一、称霸西戎的秦穆公在公元前 621 年去世，葬于雍城（今陕西宝鸡凤翔东南），殉葬者多达 177 人。《左传》“文公六年”记载，给秦穆公殉葬的不单是奴隶，“以子车氏之三子奄息、仲行、针虎为殉，皆秦之

良也。国人哀之，为之赋《黄鸟》"。《黄鸟》是描写用活人为秦穆公殉葬的诗，以鸟比人：黄鸟尚能落在酸枣丛、桑树丛、荆棘丛，还有生存的权利，而大活人却要为秦穆公殉葬，连黄鸟也不如。诗中提到的子车氏的三个儿子，生前都英勇善战，百夫莫当，为秦穆公效命。秦穆公临死前还要让这三位勇士共赴黄泉，在阴间继续为他效劳，继续保护他。这是多么残忍、荒唐！在殉葬制度下，那些国君、贵族生前穷奢极欲，死了还要夺走别人的生命。

在宝鸡凤翔秦公一号大墓中，竟有多达 186 人殉葬。这也证明了《墨子·节葬》中有关人殉的记载，以及当时人殉制度的盛行。

直到公元前 384 年，秦献公宣布"止从死"，即以法令的形式正式废除了以活人殉葬的制度。但是，秦之人殉现象直至战国晚期仍有出现，比如秦昭襄王之母宣太后因太喜欢魏丑夫，临死时还想让魏丑夫为她殉葬，后经别人劝说才勉强放弃。

既然不能再用活人殉葬了，古人却还有"事死如事生"的丧葬理念，那么该怎么办呢？以制作人俑代替活人殉葬的风俗就兴盛起来。在中国古代的各类俑中，陶俑数量最多，也有少量使用木、石、瓷、铜等材料制作的俑随葬墓中。

秦始皇画像

秦始皇扫平六国，统一天下，建立起前所未有的大秦帝国。他认为自己德高过"三皇"，功大过"五帝"，因而取"三皇"之"皇"、五帝之"帝"，自称"皇帝"，成为

“千古一帝”。他也很想把自己生前的生活搬入地下，于是有了规模宏大的秦始皇帝陵和兵马俑——用陶土烧制成兵马形状的殉葬品。

秦始皇从继位后就开始修陵，到他死后两年尚未能完工——在位37年，修陵长达39年之久。目前已发现兵马俑坑有3座，内有和真人、真马大小相似的陶俑、陶马约8000件。有车兵、骑兵和步兵等不同的兵种，排列整齐有序。陶俑身材高大，一般在1.8米左右，形象各不相同。考古工作者还发现了四号坑，有坑无俑，只有回填的泥土。据推测是因为发生了秦末陈胜、吴广农民起义，修陵的刑徒、奴产子被赦免，由章邯率领去作战了，所以没有建成。

站在兵马俑坑2000多年前的大军阵前，看到士兵们披坚执锐，军容严整，气势雄伟，你顿时就会明白秦始皇为什么能横扫六国，兵锋所指，摧枯拉朽，势不可当；为什么东方六国会把秦军称为“虎狼之师”。刹那间你会感觉到历史距离好像消失了，仿佛有一种神秘的

秦始皇帝陵封土

秦始皇帝陵

力量把你带进了杀声震天、战马嘶鸣的古战场。

烧制这么大的陶俑，可不是一件容易的事。先用泥塑成俑的初胎，再覆盖一层细泥进行修饰和细部刻画，然后将单独制作的头、手和躯干组装套合在一起，放进窑内高温焙烧，等烧成后进行彩绘，这样才算完成了陶俑的制作。每一道工序中都有不同的分工和严格的工作系统。许多兵马俑衣服下摆底部的隐蔽处还刻有陶工名，说明当年制作兵马俑有严格的验收制度。

近距离观察千人千面的兵马俑，你能感受到 2000 多年前的文化遗产的神秘气息，能理解古代“物勒工名，以考其诚”的严格管理制度，也能理解 70 万刑徒是以血泪和生命创造了这“世界第八大奇迹”！法国前总理希拉克参观兵马俑后，激动地写下留言：“世界上有七大奇迹，秦兵马俑的发现可以说是八大奇迹了。……不看秦兵马

俑，不算真正到过中国。”这是因为秦始皇帝陵与如此大规模的以军阵形式陪葬的兵马俑，在世界人类历史上都是绝无仅有的。

基地链接

秦始皇帝陵博物院

秦始皇帝陵博物院位于陕西省西安市临潼区，是以秦始皇帝陵为依托，在原秦始皇兵马俑博物馆的基础上整合秦始皇帝陵陵园（丽山园）而建成的一座现代化的遗址博物馆。其中，秦始皇帝陵布局缜

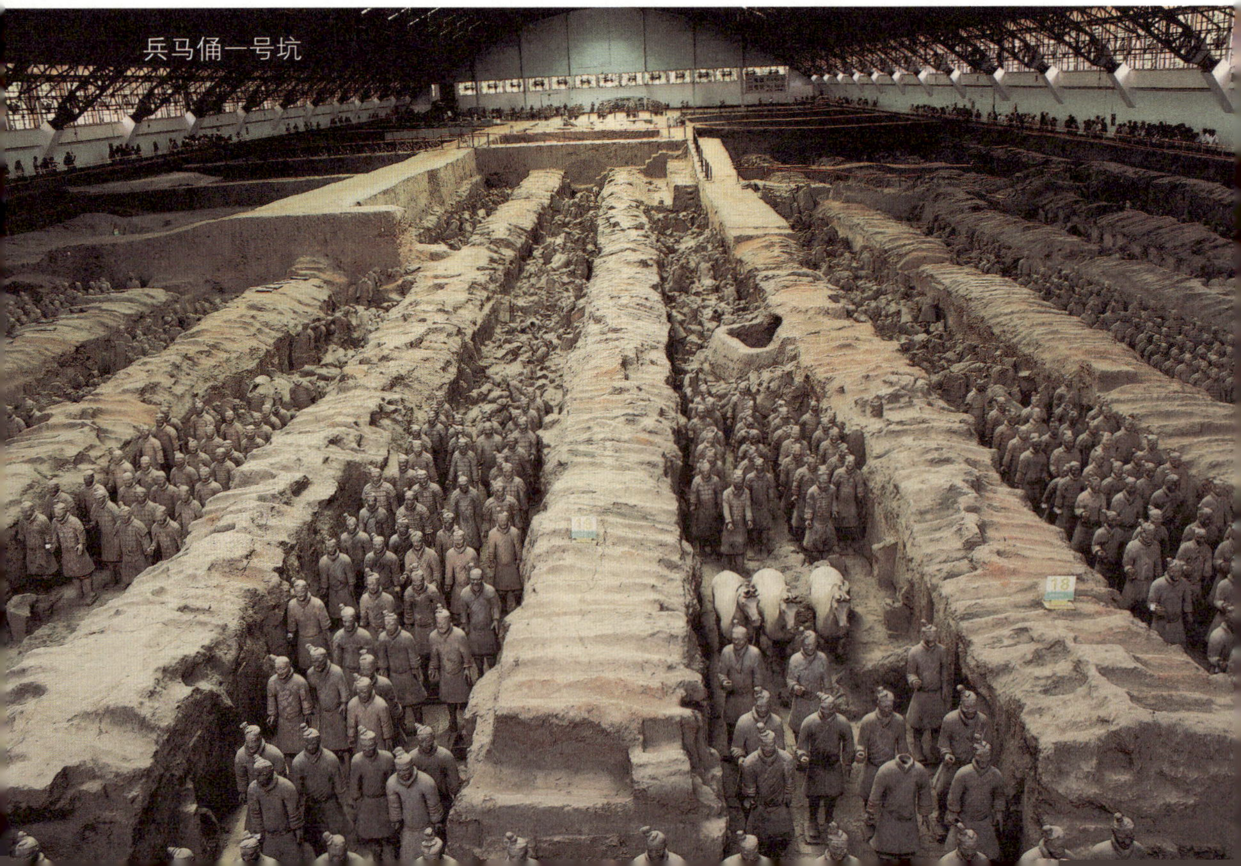

兵马俑一号坑

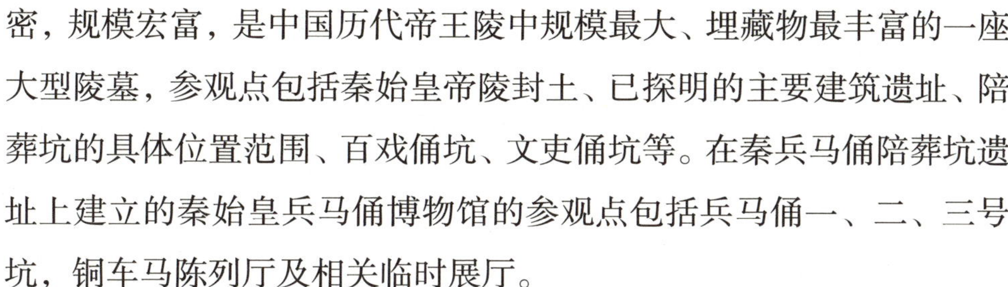

密，规模宏富，是中国历代帝王陵中规模最大、埋藏物最丰富的一座大型陵墓，参观点包括秦始皇帝陵封土、已探明的主要建筑遗址、陪葬坑的具体位置范围、百戏俑坑、文吏俑坑等。在秦兵马俑陪葬坑遗址上建立的秦始皇兵马俑博物馆的参观点包括兵马俑一、二、三号坑，铜车马陈列厅及相关临时展厅。

典制溯源

物勒工名

物勒工名是春秋战国时期开始出现的一种管理制度，指器物的生产制造者要把自己的名字刻在器物上，以方便管理者检验产品的质量。商鞅变法时，在兵器上刻下督造人的名字，秦国由此开始实施物勒工名制度。关于秦国手工业的管理，《吕氏春秋》中有这样的记载："物勒工名，以考其诚。工有不当，必行其罪，以究其情。"在秦始皇兵马俑身上的一些隐蔽处，考古工作者发现了一些刻画或戳印文字，一般只有 2 个字，最多的一件有 11 个字，这些文字除了编号外，都是陶工名。这样一方面能够加强对工匠的控制和管理，另一方面也有利于提高陶俑的质量。

名物疏解

科头锐士

古今中外的大多数军队，在战场上作战时都会戴防御用的头盔。可是秦始皇兵马俑坑出土的陶俑中却没有一个是戴头盔的。这是为什么呢？《战国策》《荀子》等多种文献中都记载，秦军作战以免胄为荣，不戴头盔是他们区别于其他国家军队的显著特点。《史记集解》

中说："科头，谓之不着兜鍪入敌。"就是说，不戴头盔称为"科头"。科头作战及发扬不怕死的精神，被称为"科头锐士"。秦俑不戴头盔，正反映了秦军无所畏惧、英勇作战的精神，也因为如此，他们被称为"虎狼之师"。

秦始皇帝陵铜车马

秦始皇帝陵铜车马1980年出土于秦始皇帝陵封土西侧，一组两乘，是模仿真车马的形制按二分之一的比例缩小制成。一号车为立车，车舆平面呈横长方形，前边两角呈弧形，车輢（车厢两旁人可以倚靠的木板）较低，四面敞露。车舆内竖立着一柄高杆铜伞，伞下有一个立姿御官俑。车上配有铜弩、铜盾、铜箭镞等兵器。一号车应该是秦始皇乘舆中的立车，又名高车，虽然有伞，但四周敞露，又配有兵器，实质上应该是开路护驾的兵车。二号车的辔绳末端有"安车第

铜车马之立车

一”四字，由此可认定其为安车。两乘铜车马上的金银饰品重达 14 千克，显示了其高贵的等级；通体施以彩绘，以蓝、绿、白为主色，绘有云纹、旋涡纹、几何纹、夔龙夔凤纹等纹样，生动地展示了秦代皇家车队中属车的华贵富丽。秦始皇帝陵铜车马整体用青铜铸造，采用了铸造、镶嵌、焊接、子母扣连接、活铰连接等多种工艺组装而成，是我国考古史上截至目前出土的体型最大、结构最复杂、系驾关系最完整的古代车马，被誉为“青铜之冠”。

课程链接

人教版《语文（四年级）》上册《秦兵马俑》

1. 秦始皇兵马俑为什么被称为“世界第八大奇迹”？

2. 从秦始皇兵马俑看，秦始皇为什么能够打败东方六国，统一天下？

3. 你觉得物勒工名这种制度好不好？如果我们这个时代还在使用这种制度，会怎么样？

□“文景之治”显盛世

——汉景帝与阳陵

秦始皇统一六国后，建立了中央集权的大秦帝国。由于秦始皇一方面“焚书坑儒”，实行血腥残暴的统治，另一方面大兴土木，征民夫北筑万里长城，发刑徒70万建始皇陵、修阿房宫，耗尽民力、物力、财力，老百姓苦不堪言。陈胜、吴广揭竿而起，形成了声势浩大的农民起义，刘邦、项羽起兵江淮共同抗秦，大秦帝国才建立仅仅15年就轰然崩塌了。接着刘邦和项羽又进行了楚汉战争，最终刘邦获得胜利，夺得了天下，建立了大汉王朝。

由于秦末农民起义和楚汉战争，兵火连年，秦都咸阳化成一片焦土，全国各地都遭到破坏，所以，汉王朝刚建立时十分贫穷，穷到汉高祖刘邦虽是皇帝，却找不到四匹一样颜色的马来拉车，宰相和将军等高官甚至没有马车，只好坐牛车出行。老百姓的生活可想而知就更艰难了。刘邦死后，吕后专权，皇室宫斗、高层内乱不断。直到汉文帝登基，开创了“文景之治”，才开始民富国强。

汉文帝刘恒(前203—前157年)，是汉高帝刘邦的第四个儿子。他登基后，信奉黄老之术，主张“无为而治”，严禁官员以苛捐杂税扰民。他自己也节俭朴素。古代宫廷后妃及贵族女子都是长裙拖地，

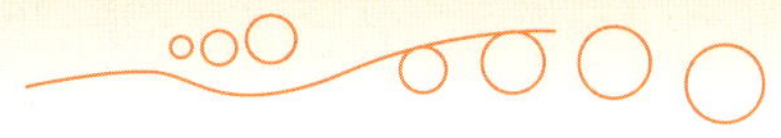

为了节约布帛，他下令宫中皇后以下都不许长裙拖地。他曾想在宫中修建一个露台，经预算需花费百金，于是他说："百金是十户中等人家一年的收入，太贵，不建了。"他奖励农耕，亲耕籍田以做表率，主张对农民轻徭薄赋，少收税甚至不收税。汉文帝十二年（前 168 年），农民的田租由十五税一减为三十税一。汉文帝十三年（前 167 年），"遂除民田之租税"。直到汉景帝二年（前 155 年），才下诏"令民半出田租，三十而税一"。从此以后，三十税一成为汉代田租的定制。马端临在《文献通考·田赋考》中称赞道："文帝恭俭节用，而民租不收者至十余年，此岂后世可及！"汉文帝作为皇帝，能听取民女缇萦的建议，废除了残害人身体的肉刑；谨慎对待诸侯王，采用以德服人、以武平乱的态度。在匈奴入侵中原的问题上，他不想进行战争，而是采用与匈奴和亲止战的方式，营造安定团结、休养生息的政治局面。在他 20 多年的治理下，百姓富裕安乐，国家强盛稳定，开启了"文景之治"的盛世。

汉文帝画像

汉文帝驾崩之前，还下诏令要求节俭办理自己的丧事。为了不占农田，他选择依山修建自己的陵墓——霸陵（位于陕西西安东郊白鹿原东北角），而且不许改变山川原貌，不许陪葬金银器皿，只许以瓦器陪葬。

汉文帝去世后，太子刘启（前 188—前 141 年）继承帝位，是为汉景帝。汉景帝登基后，听从御史大夫晁错的建议，为防止诸侯王就地坐大，反叛作乱，推行"削藩策"，削减诸侯封地。汉景帝前元三

汉景帝画像

年（前154年），吴王刘濞联合各地诸侯王，打着要求诛杀晁错“清君侧”的旗号反叛作乱。这次叛乱共有7个诸侯王参加，史称“七国之乱”。汉景帝为了保国家安全，开始并不愿意进行战争，便采纳了袁盎的计策，杀了晁错以安慰诸侯王。然而“七国之乱”并没有因晁错被杀而停止。汉景帝于是果断地调派周亚夫等将领率大军去平叛。周亚夫采用截断叛军粮道的战策，一举击溃了叛军，用3个月将七国叛乱彻底平定。汉景帝趁机将各诸侯王的权力收回中央，大量裁撤诸侯国的官吏。诸侯王不再有行政权和司法特权，诸侯割据问题得以解决。

“七国之乱”平定后，中央集权得到了巩固。汉景帝继承汉文帝勤俭治国的理念，继续奉行“与民休息”的政策，发展农业生产，减轻农民赋税，还多次颁诏，以法律手段打击那些擅自动用民力的官吏，以保证正常的农业生产。汉景帝为了节约粮食，还两次下令禁止用谷物酿酒，甚至禁止内地郡以粟喂马。马在古代的军事地位极为重要，所以汉景帝大力推进马政建设。他下令扩大设在西边（如北地郡）和北边（如上郡）的国家养马苑，而且鼓励民间饲养马匹。所以景帝时期养马业得到了大力发展，属于官府的马匹发展到了40万匹，民间养马也很多。大量养马对于发展骑兵起到关键作用，为后来汉武帝抗击匈奴、开疆拓土奠定了坚实的军事基础。当时一般有钱的商人出门骑一匹母马都觉得很丢面子。

汉景帝后期，国家库房太仓里的粮食陈陈相因，多得都往外流。国家钱库里堆放的铜钱，因长期不使用，连穿铜钱的绳子都腐朽断

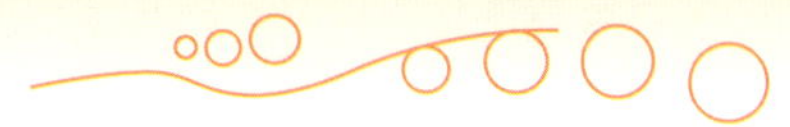

开，散乱的铜钱便成堆地放在一起，管库房的仓官都数不过来，不知道具体钱数。由于社会经济发展到相当富裕的程度，所以上自君王下至郡县官，都逐渐重视起文教事业的发展。汉景帝末年，任命文翁为蜀郡太守，首创了郡国官学。

汉景帝在西汉历史上占有重要地位，他继承父亲汉文帝的执政理念，与父亲一起开创了“文景之治”的盛世。

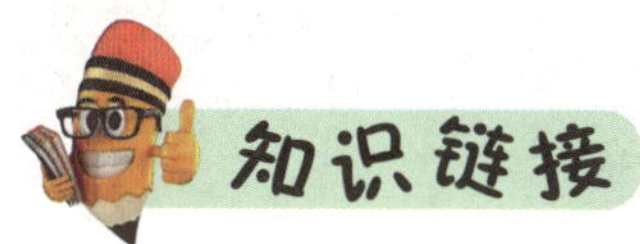

知识链接

基地链接

汉景帝阳陵博物院

阳陵是汉景帝刘启与其王皇后同茔异穴合葬的陵园，位于陕西省西安市北郊的渭河畔。阳陵始建于汉景帝前元四年（前 153 年），至汉

汉景帝阳陵博物院展厅一角

汉景帝阳陵博物院外景

武帝元朔三年（前 126 年）竣工。西汉时，皇帝与皇后合葬，实行“同茔不同穴”的制度，即皇帝和皇后虽葬于同一茔域，但各起一座陵园。孝景王皇后是汉武帝的生母，其陵位于景帝陵东北 450 米处，与景帝陵相对。

陵区内 200 多座陪葬坑中出土的陪葬俑，虽然没有秦始皇兵马俑高大，大约只有真人的三分之一，但披坚执锐的武士俑严阵以待，宽衣博带的仕女俑美目流盼；数以万计的各种动物俑惟妙惟肖，十分生动。人物俑色彩绚丽，俑臂是组装的，可以转动。可以说汉阳陵是中国封建帝王“事死如事生”丧葬观念的真实体现，也是“文景之治”带来的盛世时期经济繁荣、国力强盛、物质生活富足的反映。汉阳陵是迄今发现的保存最为完整的汉代帝陵陵园，因而成为人们了解、研

塑衣式跽坐拱手俑

北
陪葬墓
陪葬墓
刑徒墓地
北区从葬坑
皇后陵
景帝陵
神道
南区从葬坑
1号坑遗址
南阙门遗址
宗庙遗址
汉阳陵
考古陈列馆
东司马门遗址
陪葬陵园
司马道
陪葬陵园
阳陵邑
泾河
渭河
西安市
咸阳市

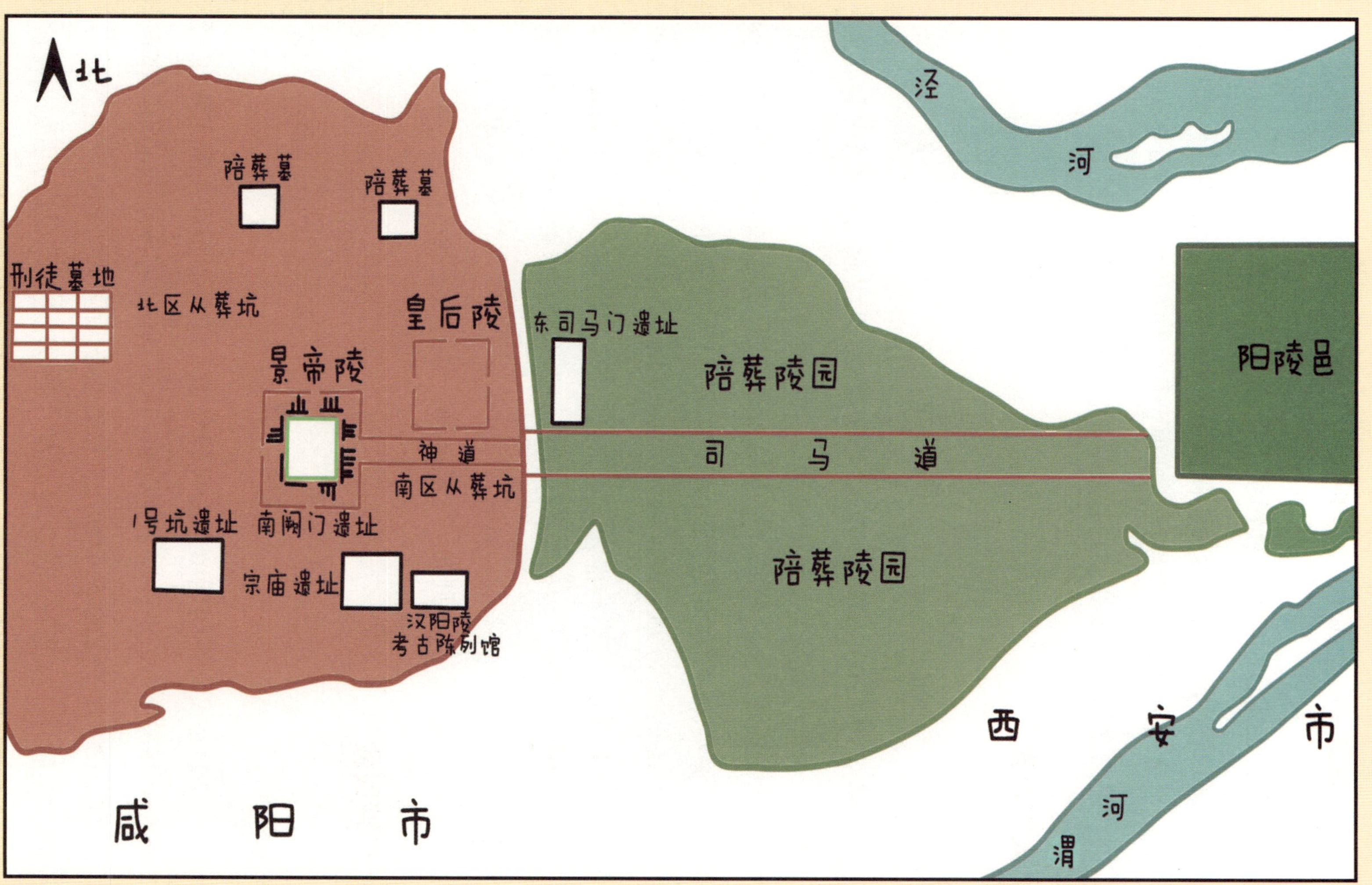

阳陵陵园遗址示意图

究汉代帝王陵寝制度和汉代历史文化的重要实物资料。

汉景帝阳陵博物院依托阳陵陵园而建，设有考古陈列馆、帝陵外藏坑遗址保护展示厅、南阙门遗址保护展示厅和宗庙遗址 4 个基本陈列，展出文物 1 万多件，充分展示了博大精深的汉文化。

人物档案

晁　错

晁错（前 200—前 154 年），西汉名士，西汉政治家、文学家。晁错在汉景帝还是太子时就在他身边，能言善辩，善于分析问题，屡屡为他出谋划策。晁错发展了重农抑商政策，主张纳粟授爵，发展农业生产，振兴经济。在匈奴侵边抢掠的问题上，他提出移民实边、寓兵于农的策略，不仅在当时起到了防御匈奴的作用，而且开历代屯田政策的先河，对后世影响很大。他进言削藩，主张剥夺诸侯王的政治特权，巩固中央集权，因而损害了诸侯王的利益，后来被杀。晁错还是汉初重要的政论散文家，他的文章立论深刻，逻辑严密，说服力强；文风朴实无华，节奏明快，气势磅礴，鲜明地呈现出大汉气象。

事件回放

缇　萦

缇萦是汉文帝时期山东的民间女子。汉文帝四年（前 176 年），有人上书告发山东小官淳于意受贿。按照刑法，淳于意要被用囚车押送到长安。淳于意的 5 个女儿都跟在囚车后面哭。淳于意生气地骂道："生孩子不生男孩，危急时没有一个能用上的。"他的小女儿缇萦听了感到悲伤，就跟着父亲一路到达长安。她给皇帝上书说："我的父亲担任官吏，当地人都说他清廉公平，如今犯了法应当受刑。我为（受刑而）死的人不能复生感到悲痛。而受过肉刑的人再也不能长出新的肢体，即使想改过自新也没办法了。我希望舍身做官府中的女仆来赎父亲的罪过，让他能改过自新。”她的孝心感动了汉文帝，汉文帝于是下诏令废除了肉刑。

名物疏解

三出阙

阙出现在先秦时期，是一种导引性的建筑，多设在城市、宫殿、祠庙、宅第、陵墓等前方，也称为门阙。随着历史的发展，阙由原来的单阙演变为组合的形式，逐渐形成了最高等级的三出阙。在汉代，阙的使用非常普遍，但由一主阙、二子阙组成的三出阙却只能耸立于帝王的宫室和陵寝前。通过李白《忆秦娥》中“咸阳古道音尘绝。音尘绝，西风残照，汉家陵阙”一句可知，汉代帝王陵园的门阙十分高大著名。考古发现，汉阳陵的陵冢四周原有一圈城垣，城垣四周都有门阙。帝陵封土南边 120 米处有南阙门遗址，其建筑形式就是一组两座对称的三出阙。

罗经石

在汉阳陵东南 500 米处有一块方形的罗经石，它的圆面上深深刻着两道垂直相交的凹槽。在相当长的时间里，人们都认为它是修建汉阳陵用的测量标石，用来校正水平、测量高度和标明方位。随着考古发掘和研究的深入，翔实的考古资料证明，罗经石周围当时是一座雄伟巍峨的建筑物——德阳宫。罗经石实际上是德阳宫正中央的巨型柱础石，它与周围每边的 14 根柱子一起，共同支撑了德阳宫的上层建筑，

罗经石遗址

这样古人才能够登楼远眺长安。罗经石遗址是汉阳陵最重要的礼制性建筑之一，也是保存最完整的帝陵陵庙建筑遗址。

1. 为什么说“文景之治”为汉武帝抗击匈奴、开疆拓土奠定了坚实的经济基础和军事基础？

2. 汉景帝大力发展养马业有什么军事意义？

3. 汉阳陵的俑与秦始皇兵马俑有哪些区别？

□ 历经曲折汉中兴

——汉宣帝与杜陵

汉武帝征和二年（前 91 年），宫廷发生了巫蛊之祸。负责查案的江充诬告陷害太子刘据。刘据起兵诛杀江充，遭到汉武帝镇压，兵败后自杀。刘据的长子刘进有个儿子叫刘病已，当时还在襁褓中就被关到监狱里。后来汉武帝大赦天下，4 岁的刘病已被外祖母家收养。汉武帝死前留下遗诏，重新确立了刘病已的皇族身份，让人将他接回长安，由掖庭令张贺看管照顾。

虽是皇族成员，却过着平民的生活，青少年时期的刘病已在长安城内外游荡，随意往来于京城附近，整天放浪不羁，斗鸡走狗，无所事事。而实际上刘病已在游历、玩闹中已体察、了解了民情，深知百姓疾苦和吏治得失。

汉宣帝画像

汉武帝在太子刘据被杀后，另立钩弋夫人所生的幼子刘弗陵为太子，并且为了防止外戚专权而杀掉了钩弋夫人。汉武帝死后，8 岁的刘弗陵继位为汉昭帝，在霍光、金日磾、桑弘羊的辅政下，改革制度，废黜冗官，减轻赋税，对内实施一些爱民政策，基本控制了汉武帝后期遗留的诸多社会矛盾，出现了“百姓充实，四夷宾服”的良好局面。可惜汉昭帝年仅 21 岁就因病驾崩了。

汉昭帝无子，霍光于是选昌邑王刘贺入朝做了皇帝。刘贺在位 27 天，因荒淫无度、不顾社稷而被废，史称汉废帝。太后诏令刘贺回到故地昌邑。据司马光《资治通鉴》记载，刘贺尽管不学无术，不务正业，荒唐透顶，也绝不可能在 27 天内做出上千件荒唐的事情。这主要是霍光想借故废掉他，以达到自己专权的政治目的。

霍光作为权倾朝野之臣，他心目中理想的皇位继承人只能是一个年龄不大、没有势力的人，这样不会妨碍他大权独揽。原任廷尉监的邴吉曾照顾过狱中幼小的刘病已，现已升任光禄大夫，便将刘病已推荐给了霍光。霍光认为让刘病已做皇帝很好：刘病已只有 18 岁，全家都被杀光了，只剩下他一个人，而且他是谋逆的太子之孙，虽然名列皇族，实际上只是一介平民，既无外戚的援助，也没有自己的封国和人马。于是，刘病已就这么神奇地做了皇帝——他就是汉宣帝。

霍光画像

霍光以为找到了一个好控制的傀儡皇帝，但是他却看走了眼。这个在监狱里生活过的年轻皇帝，富有心机、忍耐力和坚强的意志力。刘病已在入宫继承皇位之前，已在 16 岁时娶许广汉之女许平君为妻，并生下一子，取名刘奭（即后来的汉元帝）。刘病已做了皇帝后，将许平君封为婕妤。议立皇后时，公卿大臣都倾向于立霍光的小女儿霍成君为皇后。汉宣帝便下诏让大臣们把他流落在民间时所佩的一把旧宝剑给找回来。公卿大臣们明白过来：皇帝不忘糟糠之妻，想立结发妻子许平君为皇后。于是大家又联名上疏，请求立许平君为皇后。几个月后，许平君被立为皇后。但是，霍光认为许广汉曾是罪人，不应该封为国丈，一年多后才封许广汉为昌成君。通过这件事情，霍光发现汉宣帝不好控制，便上书提出还政给皇帝。汉宣帝知道这是霍光在试探自己，便以自己年轻，没有治国经验为借口推让。霍光不仅得以继续秉政，还被论功行赏、增封食邑。

霍光的妻子霍显却一直想让自己的女儿霍成君当皇后，于是在许平君第二次怀孕分娩时，收买了御医淳于衍，让她在给许皇后用药时下毒，害死了年仅 19 岁的许皇后，如愿以偿将自己的女儿送进宫，并被立为皇后。汉宣帝对许平君的死十分内疚和悲痛，追封她为“恭哀皇后”，葬于杜陵南园。

汉宣帝地节二年（前 68 年），年岁已老的权臣霍光病死，汉宣帝开始亲理朝政。他深知霍家的权势极大，不敢轻举妄动，便将霍家的子弟、亲戚或升官任命为虚职，或调到边境，裁撤霍家掌握的皇宫禁卫兵权与主政实权，并任命自己的亲信担任相应职务，掌握兵权与政权，逐步将权力收到自己手中。两年后，霍家的权力被剥夺殆尽，汉宣帝的羽翼已经丰满，开始追查许皇后的死因。霍家人十分恐慌，决定铤而走险，妄图发动政变，废掉汉宣帝。地节四年（前 66 年），汉宣帝将意图谋反的霍家子弟及其余党一网打尽，清除了霍家在朝廷的势力，不仅为许皇后报了仇，还将朝政大权正式掌握在自己手里。

就这样，汉宣帝凭着自己的忍耐力和强硬的政治手腕，终于成为

杜陵陵园遗址

大汉帝国真正的主人。他改名为刘询，成为一代中兴明君而名垂青史。

流落民间的经历，使汉宣帝深知吏治得失和民生疾苦，对于他施政治国有直接影响。他励精图治，减轻百姓的负担，发展农业生产；清除霍光的势力后，重视选贤任能，重视吏治，贤臣循吏辈出，出现了麒麟阁十一功臣。在治国理念上，他反对汉武帝以来形成的“独尊儒术”，认为治国应兼用“霸道”与“王道”，儒家、法家并用。在对外关系上，本始二年（前 72 年）汉宣帝派赵充国率骑兵联合乌孙国大破匈奴，使匈奴呼韩邪单于率众来朝称臣。神爵二年（前 60 年），汉宣帝又派老将赵充国督兵挫败羌人进犯，平定西羌，设金城属国安置降羌，并设立西域都护府管辖西域各国，保障西域平安和丝绸之路的通畅。这标志着西域正式纳入汉朝的版图，自此西域广袤的土地正式归属西汉中央王朝管辖。

在汉宣帝统治期间，政治清明，经济繁荣，社会和谐，四夷宾服，国力强盛，史称“孝宣之治”或“孝宣中兴”。

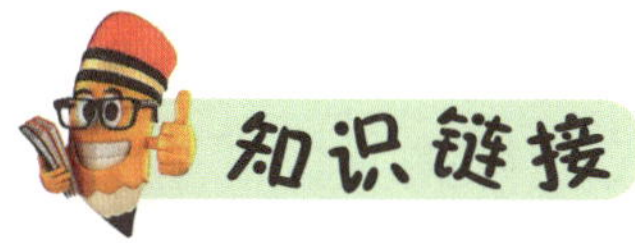

基地链接

杜陵国家遗址公园

杜陵国家遗址公园位于陕西省西安市曲江新区。杜陵是汉宣帝刘询的陵墓，陵墓所在地原来是一片高地，潏河和浐河流经此地。汉宣帝少时经常游于原上，即帝位后，就在此选择陵地建造陵园。陵园四周环绕有夯土围墙，墙基宽 9 米。以殿为大门，墓冢在陵园的正中，平面呈正方形。陵前立有清代乾隆年间陕西巡抚毕沅所立的“汉宣帝杜陵”碑刻一通，碑铭清晰可辨。此外还有碑碣 10 余方。园内还有

杜陵国家遗址公园

寝殿、便殿等遗迹。周围有汉宣帝中兴名臣陪葬墓 100 多座。

汉宣帝的第一位皇后许平君，因去世较早，所以未与汉宣帝合葬，而是葬于杜陵南 6.5 千米处的凤栖山。相传尧舜禹时代那里为凤凰栖息之地，故名凤栖山。陵园因规模小于杜陵，故后人称之为少陵。少陵墓的封土规模略小于王皇后陵，亦呈覆斗形，封土呈三层台，象征着仙人居住的昆仑山。少陵因在杜陵以南，所以又称杜陵南园。

人物档案

苏 武

苏武（前 140—前 60 年），杜陵（在今陕西西安东南）人，西汉时期杰出的外交家、民族英雄。天汉元年（前 100 年），苏武奉命以中郎将持节出使匈奴，被扣留。匈奴贵族多次威胁利诱他，想让他投降。苏武不愿投降，匈奴单于就把他囚禁起来，放在大地窖里，不给他吃的和喝的。下雪了，苏武就卧着嚼雪，将雪连同毡毛一起吞下充饥，几日不死。匈奴人认为他很神奇，就把他流放到北海边没有人的地方，让他放牧公羊，说等到公羊生了小羊，才让他归汉。苏武没有粮食吃，只能挖野鼠储藏的野果吃。他拄着汉朝皇帝赐予使臣的节杖牧羊，无论是睡觉还是起来都拿着，以至于节杖上的毛都脱落了。他渴了就吃雪，饿了就吃野果，冷了就抱羊取暖。这样日复一日，年复一年，苏武的头发和胡须也都变得花白了。

苏武在北海牧羊长达 19 年之久。当初命令囚禁他的匈奴单于已去世，汉武帝也死了，汉武帝的儿子汉昭帝继承了皇位。公元前 85 年，匈奴起了内乱，无力再与汉朝打仗，就打发使者求和。汉昭帝派使者来到匈奴，要求放回苏武、常惠等人。匈奴骗使者说苏武已经死了。第二次，汉朝又派使者到匈奴去。常惠买通了单于手下的人，偷

偷偷见到了使者。使者明白了底细，就责问单于："我们皇上在上林苑射下了一只大雁，大雁的脚上拴着一条绸子，是苏武亲笔写的一封信，说他在北海放羊呢。您怎么可以骗人呢?！"单于听了非常惊讶，说："苏武的忠义感动了飞鸟！"他向使者道歉，承认苏武还活着。汉昭帝始元六年（前 81 年），苏武终于回到了长安。百姓们都出门迎接他，称赞他是个有气节的大丈夫。汉昭帝死后，苏武因为参与了拥立汉宣帝，被赐爵关内侯。苏武去世后，汉宣帝将其列为麒麟阁十一功臣之一。

苏武牧羊图

事件回放

巫蛊之祸

巫蛊为一种巫术，古人认为，使巫师祠祭或将桐木偶人埋于地下，诅咒所怨者，被诅咒者就会有灾难。汉武帝晚年多病，怀疑有人对自己使用了巫蛊之术。征和二年（前 91 年），丞相公孙贺之子公孙敬被人告发用巫蛊之术诅咒汉武帝，汉武帝命酷吏江充查办此事。江充利用酷刑和栽赃迫使人认罪，大臣、百姓惊恐之下胡乱指认他人，数万人因此而死。江充又与太子刘据有仇，便趁机陷害太子。当时，汉武帝在甘泉宫养病，不在京城，刘据无以自辩，又很害怕，便起兵诛杀江充，以求自保，结果遭到镇压而兵败。皇后卫子夫和太子刘据等相继自杀。这个事件的牵连者达数十万人，史称"巫蛊之祸"。

名物疏解

麒麟阁十一功臣

麒麟阁是汉武帝建在未央宫中的阁,因汉武帝在元狩年间打猎获得麒麟而命名,主要用于收藏历代记载的资料和秘密历史文件。甘露三年(前 51 年),汉宣帝因匈奴归降,回忆起往昔辅佐有功之臣,于是命人在麒麟阁画 11 位功臣的图像,以示纪念和表扬,包括霍光、张安世、韩增、赵充国、魏相、邴吉、杜延年、刘德、梁丘贺、萧望之、苏武等,史称麒麟阁十一功臣。后世往往将西汉的麒麟阁十一功臣、东汉的云台二十八将与唐代的凌烟阁二十四功臣并提。能得以绘像于麒麟阁、云台阁、凌烟阁供奉的功臣,都有卓越功勋,绘像于阁是皇帝给予他们的最高荣誉和奖赏,荣耀至极。

1. 汉宣帝少年时经历的磨难对于他有什么帮助?

2. 汉宣帝设立西域都护府的作用和意义是什么?查一查相关资料,看看西域都护府管理的区域包括今天的哪些地方。

3. 苏武并没有战功,为什么会被列入麒麟阁十一功臣?

大唐盛世

——辉煌梦想与诗香

□ 雄浑帝都长安城

——唐长安城与大唐芙蓉园

“秦中自古帝王州”，3000多年来13个王朝在这里建都。周、秦、汉、唐在这里兴起又衰落，一座座宏伟的都城和巍峨的宫殿在这里建成又倒塌，见证了中国历史的风云变幻、跌宕起伏。

从公元前11世纪周文王在沣河西岸建丰京，周武王在沣河东岸建镐京，便开启了关中大地的建都史。丰、镐二京位于今西安市西南20千米处，占地约88平方千米，隔河相对。丰京为周王室的宗庙及祭祀之地，镐京是周朝的政治中心。

公元前350年，秦孝公迁都，因“其地在渭水之北，北阪之南，水北曰阳，山南亦曰阳”，所以命名为咸阳。秦始皇统一天下后，大规模地扩建咸阳，把宫城扩建到渭河南岸，包括了今西安市西北郊的大部分地区。在新区的中心位置，秦朝营建了规模宏大的兴乐宫、阿房宫等，同时架设渭桥，以便利南北交通。可以想象当时的宫城是何等气势恢宏。然而项羽入关后，放火焚烧咸阳宫，大火延烧了3个月，一切都成了瓦砾堆。

秦亡汉兴，又营造了汉长安城，位于今西安市区西北约3千米处。规模也很宏伟壮观，建筑众多，号称有“六宫一库十二城门，八

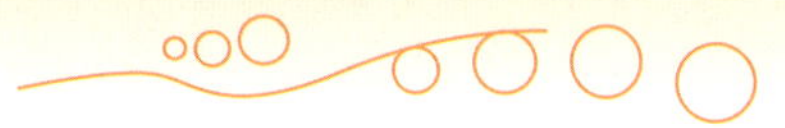

街九陌东西九市十六桥一百六十余闾里”，是当时全国的政治、经济和文化中心。西汉以后，新莽、东汉（献帝）、西晋（愍帝）、前赵、前秦、后秦、西魏、北周、隋等 11 个王朝，相继以长安城为都城。到隋文帝时，长安城已历时近 800 年。尽管经过多次整修，长安城还是很破败，特别是地下水咸卤，污染很严重。

于是，隋文帝在开皇二年（582 年）诏命建筑家宇文恺设计建设一座举世无双、规模要空前绝后的新都城，以表示大隋王朝“定鼎之基永固，无穷之业在斯”，定名为大兴城。宇文恺把新城址选在汉长安城东 10 千米处的龙首原南坡，那里向阳，地势开阔，水源充足。在营建过程中，他巧妙地把总体设计规划与龙首原南坡的地形融汇起来，将都城建得布局对称，街道宽阔，渠水纵横，雄伟壮观，还借鉴易理卦象来布置设计城市。大业九年（613 年），好大喜功的隋炀帝再次动用 10 万人大规模修建大兴城。可惜几年后隋朝就灭亡了。

唐高祖李渊在隋末大起义时从太原起兵，后建立唐朝，仍以大兴

唐大明宫复原图

城为都城，但恢复了“长安”之名，希望能长治久安。唐长安城由宫城、皇城和外郭城三部分组成。宫城称为太极宫，是皇帝寝居、处理朝政的正宫。南边是皇城，分布着三省六部及中央其他各机构的办公官署。唐太宗又在城北高地修建了离宫性质的永安宫，后改名为大明宫。后经唐高宗与武则天扩建，大明宫成为唐朝最大的宫殿。唐玄宗时，把十六王府改建为兴庆宫。太极宫、大明宫和兴庆宫成为长安城的三大宫殿建筑群，合称“三大内”。唐玄宗还对长安城做了大规模的整修，把城区分为两部分，城内南北 14 条街道，东西 11 条街道，将整个长安城分成了排列整齐的 109 个里坊，使长安城成为我国历史上规划布局最为规范的一座城池。在大唐盛世之时，长安城内百业兴旺，最多时人口超过百万。唐长安城不仅是中国历史上最大的都城，也是当时世界上规模最大的国际大都市。它以其宏伟的气势、方正对称的整体布局和完备的城市功能，达到了当时建筑艺术的最高水平。

大唐盛世揭开了中国封建社会历史上最为辉煌的篇章。国内海清河晏，国泰民安，南北文化大融合；丝绸之路上驼铃悠扬，高鼻深目的胡商不绝于途，各国使节旌盖相望。那时候到处都可以看到来自中亚乃至欧洲的胡商。由于互派使节、入仕做官、贸易往来、传播宗教、留学求知等原因，曾经有大量侨民居住在长安。他们当中又有很多

《献马图》壁画

重玄门
玄武门
麟德殿
大明宫
含元殿
丹凤门
西内苑
光化门
景曜门
芳林门
玄武门
兴安门
修真
安定
修德
掖庭宫
宫城
太极宫
东宫
光宅
翊善
长乐
入苑
普宁
休祥
辅兴
永昌
来庭
大宁
兴宁
开远门
安福门
承天门
延喜门
通化门
义宁
金城
颁政
顺义门
皇城
景风门
永兴
安兴
永嘉
兴庆宫
居德
醴泉
布政
崇仁
胜业
漕渠
金光门
含光门
朱雀门
安上门
春明门
群贤
西市
延寿
太平
光禄
兴道
务本
平康
东市
道政
怀德
光德
通义
通化
开化
崇义
宣阳
常乐
崇化
怀远
延康
兴化
丰乐
安仁
长兴
亲仁
安邑
靖恭
丰邑
长寿
崇贤
崇德
安业
光福
永乐
永宁
直平
新昌
延平门
延兴门
待贤
嘉会
延福
怀贞
崇业
靖善
靖安
永崇
升平
升道
永和
永平
永安
宣义
永达
兰陵
安善
昭国
修行
立政
常安
通轨
敦义
丰安
道德
开明
大业
晋昌
修政
敦化
和平
归义
大通
昌明
光行
保宁
昌乐
通善
青龙
夹城
永阳
昭行
大安
安乐
延祚
安义
安德
通济
曲池
芙蓉池
永安渠
清明渠
安化门
明德门
启夏门

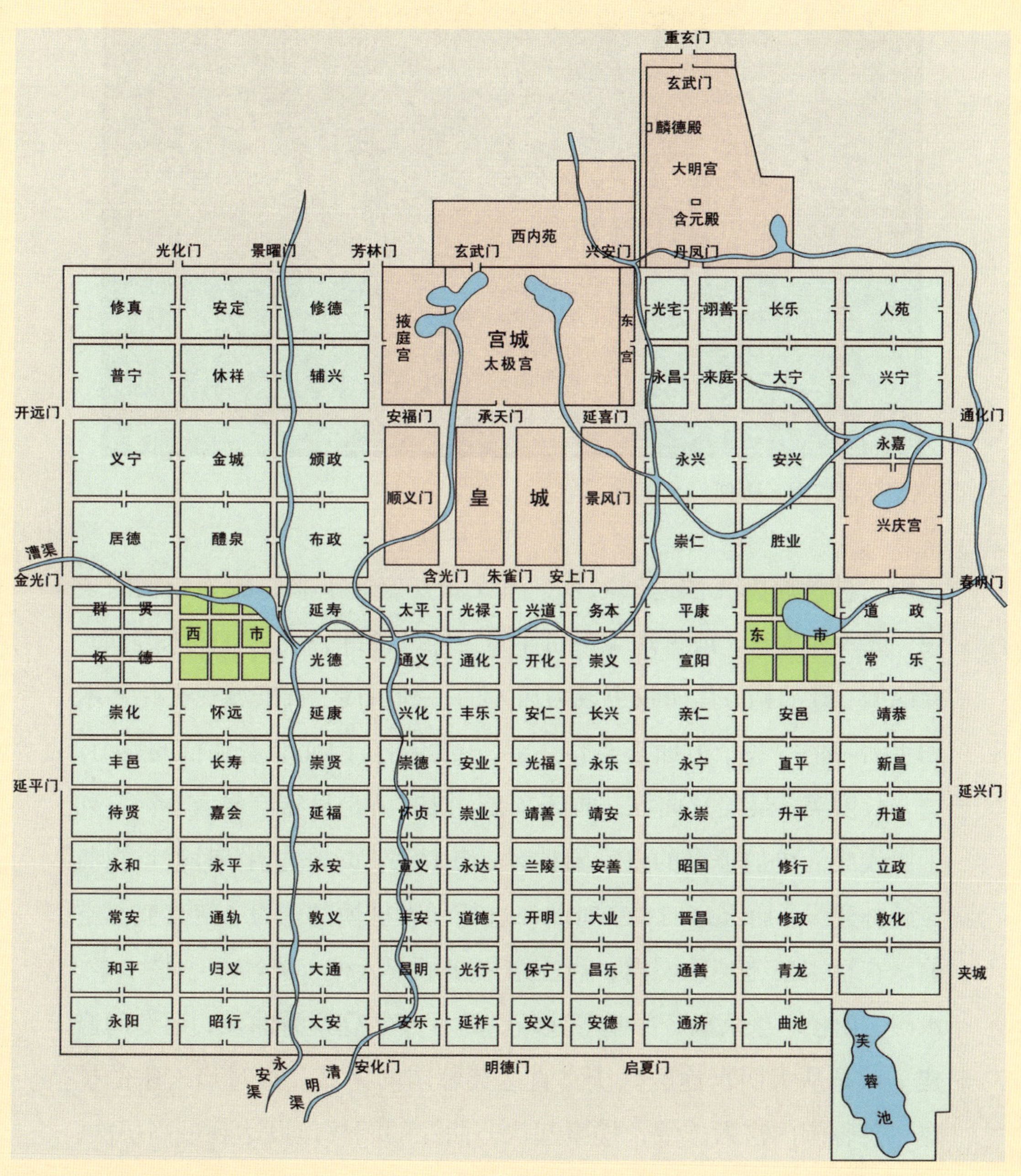

唐长安城平面示意图

《曲江流饮图》碑刻

人因为种种原因无法返回家乡，就在长安定居下来，成为唐朝的子民，或入仕为官，或做珠宝杂货生意、经营酒肆，或从事艺术表演。穿胡服、戴胡帽、化胡妆也成为唐人的一种风尚。长安城在文化艺术和生活习俗等各个方面都兼容并蓄,开放包容,因而有着独特的魅力。

长安美，最美是曲江。曲江在秦、汉时就是皇家园林宜春苑，到了唐代成为更加著名的皇家园林区。唐太宗“贞观之治”时就重视曲江园林建设。唐玄宗时，又对曲江进行了大规模的建设，使其盛况空前。在皇家禁苑芙蓉园内，唐玄宗修建了紫云楼、彩霞亭、临水亭、水殿、山楼、蓬莱山、凉堂等建筑。为了方便皇帝游曲江，还专门修建了一条从大明宫途经兴庆宫直达芙蓉园的夹城。经过唐玄宗的扩建，芙蓉园内宫殿连绵，楼亭起伏，曲江的园林建设达到最高层次，各类文化活动也趋于高潮，奠定了盛唐文化繁荣的基础。

基地链接

大唐芙蓉园

大唐芙蓉园位于陕西省西安市曲江新区，大雁塔东南侧，南与曲江池遗址公园相连，园中的芙蓉湖与曲江池水域相通。园内分为 14 个景观文化区，集中展示了唐王朝辉耀四方的精神风貌、绚丽多彩的文化艺术和横贯中天的雄浑大气。主要景点有紫云楼、凤鸣九天剧院、御宴宫、芳林苑、仕女馆、彩霞亭、陆羽茶社、杏园等。这些景点依芙蓉湖而建，分布在芙蓉湖四周。紫云楼是整个景区的中心。

大唐芙蓉园夜景

人物档案

宇文恺

宇文恺（555—612 年），字安乐，代郡武川（今内蒙古武川县）人，隋朝城市规划和建筑工程专家，北周大司徒宇文贵之子。宇文恺出身于武将世家，生于长安城，3 岁时就被赐予双泉伯的爵位，7 岁时袭祖爵，进封为安平郡公。但他却不好弓马，而是喜欢读书。他自幼勤奋好学，博览群书，熟悉历代典章制度，善写文章，又擅长各种工艺技能。他一生主要担任营造方面的高级官员，参与规划设计了隋朝多个著名工程，包括都城大兴城、新都洛阳城、仁寿宫、隋文帝皇陵、广通渠等。

1. 唐长安城布局上的最大特点是什么？

2. 唐代长安城里到处可以看到胡商，这说明了什么？

3. 人们常说“要看五千年的中国就去西安”，想一想为什么会有这种说法。

□ 千年科举崇文风

——科举制度与崇文塔

任何时代一个国家的管理都需要大量的官员与公务人员，那么这些人是怎么选拔出来的呢？

夏、商、周三代实行的是世卿世禄制，就是子孙世世代代可以继承官职、爵位与俸禄，也就是贵族永远是贵族。到春秋战国时期，统治阶层为了富国强兵，破格任用了一些地位低下而才干出众的人。战国时期出现了军功爵制，就是打仗立下军功的人可以被选拔为官，也可以只获得爵位和俸禄。

到了汉代，汉文帝下诏要求“举贤良方正能直言极谏者”，以“对策”向全国征求治国之道，选拔、任用有才能的人。汉武帝元光元年（前 134 年）推出了察举制，由地方官在自己管辖的区域内随时考察、选拔人才，并推荐给皇帝任用。选拔标准：一是“孝廉”，就是孝敬父母、清廉勤政；二是“茂才”，就是有才华；三是“贤良方正”，就是公正无私、敢于直言。这个制度刚开始实行时，确实从民间选拔了一批颇为优秀的人才。可是到了东汉末年，由于吏治腐败，官员们任人唯亲，出现了“举秀才，不知书；察孝廉，父别居”的历史怪象。

到三国两晋南北朝时期，又实行九品中正制，又称九品官人法，将人才分为九等：上上、上中、上下、中上、中中、中下、下上、下中、下下。由各州郡设立中正官，按照九等标准选拔推荐人才。可这样选拔人才的结果是，又出现了“上品无寒门，下品无势族”的现象，导致社会阶层固化，产生了一批门阀士族，而寒门子弟因“门寒身素，无世祚之资”，只能是中下等人才。

于是，隋炀帝大业二年（606年）设进士科、明经科，以分科考试取士。隋朝灭亡后，唐朝沿袭了隋朝的人才选拔制度。唐太宗时进一步完善了科举考试，科举制度由此兴起。唐代科举考试分常科和制科两类，每年按期举行的称为常科，皇帝下诏临时举行的称为制科。进士、明经二科在唐代科举中吸引了最多的考生，后来便成为唐代科举考试常科的主要科目。其中，进士科又最为人所重视。唐代进士科考试侧重于考诗赋，需要文学才能；而明经科考试考帖经、墨义，只要记性好就行。所以，考中进士科很难，唐代有“三十老明经，五十少进士”的说法。

因为进士要求高，也难考，所以进士及第称为登龙门。考中第一名称状元，后来把同榜第二名称榜眼，第三名叫探花。新科进士要集体到杏园参加探花宴，一起到慈恩寺的大雁塔下题名，以显荣耀。白居易中进士后，快意地写道：“慈恩塔下题名处，十七人中最少年。”所以考中进士又称“雁塔题名”。孟郊40多岁考中进士后，写了一首

状元及第木雕

《登科后》："昔日龌龊不足夸，今朝放荡思无涯。春风得意马蹄疾，一日看尽长安花。"生动地描绘了自己中进士后兴奋愉悦的心情。

科举考试图

科举制度打破了世家大族的特权垄断，基本上体现了公开、公平的原则。高兴的不只是新科进士，还有完善科举制度的唐太宗。看着无数前来赶考的读书人，他曾得意地说："天下英雄尽入吾彀中！""彀"就是圈套。这句话道出了皇帝重视科举制度的原因：天下英雄都来考试做官了，谁还会造反啊！通过科举考试选拔人才，大大提高了官员的素质，也选拔出大批优秀人才；还打破了社会阶层固化，扩大了统治基础，促进了社会稳定。另外，还大大促进了诗歌文化的繁荣。唐代诗人多如星斗，他们写下了无数脍炙人口的名篇佳作，这与大唐科举考试重诗文有很大的关系。

宋代是科举制度发展的巅峰时期，通过科举考试选拔出来的读书人逐渐掌握了国家的权力。他们豪情万丈，而且因为出身于草根阶层，更懂得刻苦自律，有极强的国家、民族忧患意识。宋代著名政治家范仲淹就是其中的佼佼者。他年少时家贫，为了用更多的时间读书，每每煮一锅粥放在旁边，待粥变冷凝固后再均匀地切成四块，每餐就着咸菜，一餐吃一块。有家境富裕的同学敬佩范仲淹的苦学精神，想送些美味佳肴给他，他却委婉地拒绝了。就这样苦读数年，范仲淹终于一举高中。他以"先天下之忧而忧，后天下之乐而乐"（《岳

阳楼记》）的伟大情怀，成为后世知识分子的楷模。

明、清科举考试除规定了考试程式，还将八股文固定为考试文体。每篇八股文都由破题、承题、起讲、入题、起股、中股、后股、束股八部分组成，合称八股。作文必须用古人的语气，诠释经书的义理要求据题立论，不允许自由发挥。这样严重禁锢了读书人的思想，扼杀了读书人的创新能力，不利于国家网罗有用人才。

科举制度从隋朝大业二年（606 年）开始实行，到 1905 年被光绪皇帝宣布废除，整整存在了 1300 年。它把儒家“修身齐家治国平天下”的思想观念全面推广到社会各阶层，使之成为中国传统文化的精神核心；它将官吏选拔制度与教书育人制度结合在一起，对中国文化教育的发展产生了极大影响，使中国人形成了重视教育、勤奋读书的优良传统。

基地链接

崇文塔景区

崇文塔景区位于陕西省西咸新区泾河新城，以中国第一高砖塔——崇文塔为核心，包含陕商文化博览馆、国艺秦腔馆、崇文国学馆、三秦非遗博览馆四馆及文化教育雕塑群，是集文物保护、旅游教育、运动健身于一体的文化旅游综合景区。

相传在明代以前，泾阳地区文人不多。明代时，陕西泾阳籍官员李世达迷信风水，曾求教于风水师。风水师考察研究后，认为泾阳西

崇文塔

北有一座笔架山（嵯峨山、北仲山连绵起伏，犹如笔架），但是有架无笔，所以文脉不盛；应在东南方巽位建一座文峰塔（象征一支大笔），有架有笔就会出人才。因此，李世达便为家乡人修了这座崇文塔。自从建成这座塔以后，泾阳开始名人辈出。

崇文塔属于楼阁式砖塔，平面呈八角形，共13层，总高87.218米，根据八卦悬顶的古建筑原理设计，从塔下至塔顶全部用青砖修建。崇文塔是目前中国最高的砖塔，也是全国保存最好的古砖塔之一。

人物档案

李世达

李世达，字子成，陕西泾阳人，明嘉靖三十五年（1556年）中进士，曾任户部主事、吏部主事、文选郎中、兵部尚书、刑部尚书等职。李世达为人耿直，为官清正，办事公正，多有建树。如万历三年（1575年），浙江海潮泛滥成灾，淹没人畜、房屋无数。朝中有大臣建议，可命犯罪之人捐粮赎罪。李世达坚决不同意，他说："法不可废，宁可赦罪，也绝不能以粮赎罪。赦则恩出于上，法律还在；赎则力出于下，玷渎了法律尊严。"他维护法律尊严，受到时人称赞。万历二十一年（1593年），李世达与吏部尚书孙珑共同考察京官，将各级政府任用的私人全部免去，得罪大员颇多，遭到诋毁。李世达连续上奏，要求告老回乡，回乡7年后病逝。

典制溯源

行卷与糊名制

在唐代，主考官除了详阅试卷外，有权参考应试者平日的作品和

才誉决定取舍。当时在政治上、文坛上有地位的人及与主考官关系密切的人，都可以推荐人才，参与决定录取名单和名次。因而，应试者为增加及第的可能和争取名次，多将自己平日所作的诗文加以编辑，写成卷轴，在考试前呈送给有地位的人，以求推荐。此后形成风尚，称为行卷。

糊名法创立于唐朝武则天即位初年，是指在科举考试中，为公平起见，评卷官把应试者的名字盖起来评卷。但当时没有在科举考试中普遍使用。到了北宋，科举考试更加严格、公平，实行糊名制，评卷时要把试卷卷首的应试者姓名、籍贯和初定等第都封住或者裁去，以防评卷官徇私舞弊。糊名制的实施有利于客观评卷，从而公正地选拔人才。

1. 隋、唐时兴起的科举制度与以前的选官制度相比有哪些优点？

2. 为什么中国人会形成重视教育、勤奋读书的优良传统？你认为读书的最高理想是什么？

3. 你认为李世达修建崇文塔的原因是什么？

唐诗辉煌说诗圣

——杜甫与杜公祠

长安是诗都，也是诗的故乡，古香古韵的古城浸透了诗歌的芬芳。《诗经》代表了周朝诗歌的辉煌。到了汉代，在长安又产生了以四言、六言为主的押韵的散文——汉赋，并且出现了一大批名家名篇，如贾谊、枚乘、扬雄、司马相如及其代表作；同时还出现了刚健清新、反映当时广阔社会生活的乐府诗，标志着我国古代叙事诗的成熟。

但要说长安诗歌的辉煌时期，还是当属唐朝。唐太宗改革科举制度后，选拔人才的进士科考试主要考的是诗赋文学，文人士子们因此无不重视作诗，唐长安城于是成了翰墨飘香的诗歌之都。李白来了，杜甫来了，王维、韩愈、杜牧、白居易、柳宗元、孟浩然……有名气的诗人都会聚在长安。灿若繁星的众多诗人在这个城市留下了他们的故事与传说，也留下了脍炙人口、千古传诵的诗篇。

杜甫画像

诗圣杜甫出生在河南巩县（今河南巩义），小时候是个神童，“七龄思即壮，开口咏凤凰。九龄书大字，所作成一囊。”可他也有调皮捣蛋的时候：“忆昔十五心尚孩，健如黄犊走复来。庭前八月梨枣熟，一日上树能千回。”都15岁了，还像个小孩子一样跑来跑去，每天无数次上树去摘梨和枣子吃。少年杜甫虽然淘气，学习却很用功，而且卓有成效：“读书破万卷，下笔如有神。”他也有“会当凌绝顶，一览众山小”的胸怀，更有“致君尧舜上，再使风俗淳”的远大抱负。

杜甫的远祖、魏晋时期的大学者大将军杜预是京兆（即唐时长安）人；祖父杜审言是名冠天下的初唐诗人，在长安曾官居著作郎；父亲杜闲从兖州司马调任奉天（今陕西乾县）令，病故于任上。按照唐代官制和均田制，杜审言和杜闲在长安城南也留有房屋和些许田产。房屋虽破旧“类村坞”，但也应是“五间七架”的五品官旧宅；田地虽不多，但“杜曲幸有桑麻田”。所以杜甫把长安视作自己的故里，吟出“故里樊川菊，登高素浐源”。杜甫到长安最重要的是想凭自己的诗文才华考中进士。天宝六年（747年），唐玄宗诏令天下“通一艺者”到长安应试。杜甫于是来到长安参加了考试，试图凭着自己的卓越才华在这里一展宏图，辅佐君王治国安邦平天下。

可是杜甫生不逢时，正赶上奸相李林甫弄权之时。口蜜腹剑的李林甫命令各郡县要对人才精挑细选，加以培训，再报送上来。这样报上来的人才参加科考，竟然全部落选。唐玄宗闻知勃然大怒，质问道：“难道我大唐就没有一个贤才了？！”李林甫却说：“朝堂上人才济济，是人才都已经位列朝班了。朝堂之外已经野无遗贤了！”杜甫、元结等一批饱学之士恰恰赶上了这次“野无遗贤”的科考。

后来杜甫也拜访权贵，求人帮忙举荐，可是都没有结果。最后他写了颂圣的《三大礼赋》献给唐玄宗。唐玄宗奇之，让他待制集贤院，命宰相考考他。因主试者仍是李林甫，这一试还是没有结果。

杜公祠内景

天宝十四年（755 年），杜甫被授予河西尉的小官，但他不愿意任此“凄凉为折腰”的官职，朝廷就改任他为右卫率府胄曹参军（负责看管兵器甲仗等的低层官职）。杜甫当时已经 44 岁，为了生计不得不接受了这个职位。他穷困潦倒，甚至到了“衣不盖体，常寄食于人”“酒债寻常行处有”的地步。那一年，杜甫从长安回奉先（今陕西蒲城县）探望妻儿，刚进门就听到哭泣声，原来小儿子饿死了。他根据在长安生活多年的感受和沿途见闻，写出了著名的《自京赴奉先县咏怀五百字》。他不但没有一展鸿鹄之志，反而历尽坎坷磨难。

安史之乱爆发后，长安沦陷。这时的杜甫已将家搬到鄜州（今陕西富县）羌村避难。他听说了唐肃宗即位，就只身北上，投奔而去。

途中不幸被叛军俘虏，押至长安，因为官小，没有被囚禁。至德二年（757 年），郭子仪大军来到长安，杜甫冒险逃出长安，穿过对峙的两军到凤翔（今陕西宝鸡）投奔唐肃宗，被唐肃宗授为左拾遗，故世称杜拾遗。

杜甫在长安生活了 10 多年，经历了大唐王朝由盛转衰的历史大转折。这也是他创作力最旺盛的时期，著名的“三吏”“三别”等一大批堪称他一生中精品的诗篇都写于这一时期。杜甫在饥寒交迫中聆听大唐王朝的奢靡颓废之音，以赤子之心感受百姓在战乱中所受的无穷苦难，以如椽之笔记下大唐由盛转衰的历史，他的诗作被称为诗史，他也被人们称为诗圣。2001 年发现的一颗绕太阳运转的小行星以“杜甫”命名，正是为了纪念这位伟大的诗人。

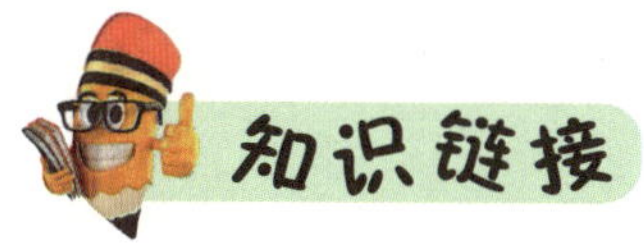

基地链接

杜公祠

杜公祠位于陕西省西安市长安区，北倚少陵原，南临樊川，是明嘉靖年间为纪念唐代诗人杜甫所建的祠堂，清乾隆末年被焚，清嘉庆九年（1804 年）重修，基本保持了明清建筑的格局。杜公祠是个四合院式的建筑群，山门是仿唐的砖木结构，祠院内有三间歇山顶的享殿，殿内供有杜甫泥塑坐像一尊。祠内花草茂盛，环境幽雅。祠中最珍贵的文物是唐肃宗乾元二年（759 年）杜甫写的《严公九日南山诗》的墨拓本，这是现存的唯一一件杜甫的墨宝。

杜公祠外景

1. 在唐代，诗歌为什么会如此兴盛?

2. 唐代诗人那么多，为什么只有杜甫能称为诗圣?

3. 唐代许多著名诗人少年时期都勤奋好学，并且怀有远大的抱负。搜集这样的故事，思考这些诗人的经历和成就能给我们带来什么样的启发。

明清民俗

——文化传承跨时空

□ 陕西民居呈异彩

——明清民居与关中民俗艺术博物院

在远古时代，有巢氏发明了巢居，教人们建造鸟窝一样的巢，以遮风避雨。在人类历史的长河中，民居无疑随着生产力的发展而不断改善。但中国古代建筑大多是用土木建造的，在历史风雨的冲刷下，即便宏伟壮观的皇家宫殿也会消失，一般的民居宅院毁于战乱火灾或经风雨侵蚀倒塌也是难免的。但是，散落于民间的传统民居中还有不少建造精美的明清砖木结构建筑保留下来，其中不乏中华建筑艺术的瑰宝。

说到民居，不能不简单提一下现在还可以见到的窑洞。这种穴居式民居的历史可以追溯到4000多年前，上至周先祖时期，土窑洞就遍布山原谷地。陕西的窑洞主要分布在陕北黄土高原上，人们在深厚而又黏性好的黄土层中挖窑洞居住。有的是依黄土坡崖挖建几个窑洞，前面围以院墙，称为崖窑，也叫明庄子。有的是在平地上挖一个天井式的方形院子，再在周围一圈挖出8个或10个窑洞，称为地窑，俗称地坑庄子。8个窑洞称八卦庄子，10个窑洞则称十合头庄子。这种天井式的地坑院落，人距离稍远一点都看不到。还有的用砖或石块、石条砌成拱形洞，上面再覆盖厚厚的黄土，既坚固又美观。窑洞

陕北窑洞村庄

最大的特点是冬暖夏凉，保温、隔音效果好，住起来也舒适。千万不要以为窑洞都是穷人住的，过去富裕的地主大户甚至达官贵人也住窑洞。如今，钢筋水泥房子越来越多，各种窑洞已大量减少。而陕北地区还大量保留着窑洞，并且将窑洞建造得越来越舒适、美观。

明清时期，随着砖瓦技术在民间的普及应用，砖瓦民宅大量出现。以砖砌墙，建房速度更快，房屋也更坚固。加之烧制琉璃瓦技术、砖雕艺术的发展，富商大户、官宦人家建造了大批精美的府宅。但住宅在古代不仅是居住场所，还被视为宅主身份的标志，所以朝廷对官员及庶民的住宅形制有严格的限制。如明代初期规定，官员建造府宅不许用歇山顶和重檐屋顶，也不许用重拱和藻井。此外，又把王侯和官员的住宅分为4个级别，在大门与厅堂的数量、进深及油漆色彩等方面加以严格限制。《明史·舆服志》中明确规定，王侯、官员按等级造房，庶人只能造“三间五架”之屋，不许用斗拱，也不许饰以彩色。尽管有严格的限制，明清时期由于社会稳定、经济繁荣、文化普及、科学技术进步，民间建筑还是得到了长足的发展。尤其是明代的民居建筑空前繁荣，各地富商、官员的宅第，村镇的祠堂、牌坊、戏楼等精美建筑层出不穷。

声名远播的关中民俗艺术博物院自创立起，收集了周、秦、汉、唐以来历代石雕、木雕、砖雕等民俗器物4万余件（套），迁建、复建了46院明清古民居、旧戏楼等，如从陕西合阳县迁来的元代泰定元年（1324年）建造、明清时翻修过的梨园戏楼。梨园戏楼分为演戏楼和看戏楼两部分，多采用木质材料建造，雕刻着精美的图案，并使用了大量彩绘装饰，很有立体感。梨园建筑物上砖雕、石雕的图案也极其精美，每幅都堪称精妙绝伦的艺术品。从陕西大荔县迁来的清朝大臣阎敬铭的府院，为两进两院式，分为前房、东西偏院、二进门楼、东西厢房、上房。整个院落布局对称，宽敞宏伟。院内石雕、砖雕、木雕内容丰富。复建后上房为7间大殿，主殿门楣上雕有龙凤呈祥、金蝠献瑞等吉祥图案，图案与镂空木雕互相映衬，虚实结合，融为一体，体现出关中民居的磅礴大气。砖雕、木雕、石雕精美雅致，没有因为岁月的流逝而失色。大殿两侧的马头墙又称封火墙，主要功能是防火防盗，墙体砖雕细致精美，是宅主身份和地位的体现。

此外，关中民俗艺术博物院中还迁建有明代西京雄镇城门楼、清末靖国军混成旅旅长赵树勋家的门楼等等，每一所建筑都饰有大量精美的木雕、石雕、砖雕图案。这些民间建筑精品就像散落在各地的明珠，收集迁建在一起，比屋连甍，蔚为壮观。

关中民俗艺术博物院之梨园

关中民俗艺术博物院之明清建筑

拴马桩

关中民俗艺术博物院还抢救、保护了历代拴马桩8600余根，主要征集于陕西关中地区渭北一带。在古代，马是重要的交通工具，一般乡绅大户和殷实之家都养马，便用2～3米长的石条制作成拴马桩，并将顶部雕刻成各种精美的艺术造型。拴马桩一般立在宅院大门外两侧，下面多配有方形上马石，主人出门时，踩着上马石轻轻一跃，便能跨上马背。关中民俗艺术博物院收藏的拴马桩，桩顶造型各异，有胡人、汉人、仕女、猴子、狮子、胡人抱乐器、胡人耍鹰、汉人抱书卷等，无不形神毕现，惟妙惟肖，具有极高的观赏价值。这些拴马桩既有实用价值，也有装点宅院的功能。迷信者还认为它们有镇宅避邪的作用，所以有人称其为“民间宅院的华表”。

拴马桩石雕

拴马桩的雕刻手法精湛，艺术品位独特，极大地丰富了我国民间石雕石刻艺术宝库，是石雕艺术的活化石。它们体现出来的中国写意雕刻技法，在世界雕塑史上占有重要地位。

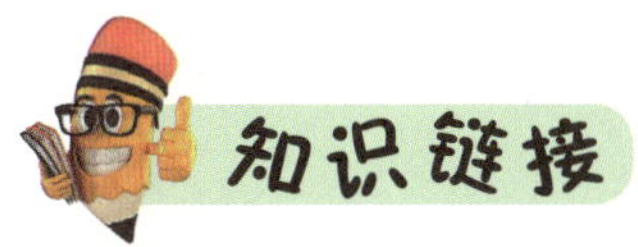

基地链接

关中民俗艺术博物院

关中民俗艺术博物院是由王勇超先生历经30余年创办的，以抢救、保护、收藏、研究、展示民俗文化遗产为宗旨的大型文化旅游景区，坐落在秦岭终南山世界地质公园中心地带和隋唐佛教圣地南五

关中民俗艺术博物院

台山脚下，东接翠华山，南拥五台山，西邻草堂寺，北瞰长安城。其建筑和园林全部为明清风格。关中民俗艺术博物院有周、秦、汉、唐以来的33600余件（套）民间物藏，大到城墙门楼、古宅深院，小至墨砚烟具、三寸金莲，还有关中先民们生产、生活用的千百种器具，更有民间的礼俗乡规、节庆婚寿、传统技艺、戏曲展演等非物质文化遗产，可以说是品类丰富，洋洋大观。

人物档案

阎敬铭

阎敬铭（1817—1892年），陕西朝邑（今陕西大荔县）人，道光二十五年（1845年）进士，晚清大臣。为官40余年，清正廉洁，刚正不阿，以善于理财著称，是我国历史上为数不多的理财专家之一。阎敬铭任户部尚书期间，在今陕西大荔县主持兴建的丰图义仓是当时全国唯一的一座民间粮仓，被慈禧太后御笔朱批为“天下第一仓”。建仓10年后，陕西遭遇了大灾荒，阎敬铭及时开仓救济，被人们称为“救时宰相”。

阎敬铭任户部尚书、军机大臣期间，正值国家财政困难，当聚敛国库以强军练兵、增强国力之时，慈禧太后却强令光绪皇帝下诏，动用大量国库银两为其修筑颐和园。光绪皇帝不敢违抗，立即任命洋务大臣李鸿章为统领，即日筹划动工建园。阎敬铭闻知内情，便以库银不足为由，坚决不予支付建园款项，并多次上奏皇帝、太后，建议缓建颐和园。但是皇帝、太后非但没有听从他的建议，反倒对他处以革职之罚。

名物疏解

汉画像石

汉画像石产生于西汉，盛行于东汉，汉末至三国时期逐渐消失。关中民俗艺术博物院收藏了大批汉画像石，其石质为青灰色石灰岩，质地坚硬而脆，雕刻手法是先剔底雕出轮廓，然后用线条刻画。其线条转折多变，准确流畅，挺拔劲利，画面活泼奔放，粗犷深厚，简拙朴质，具有较高的艺术价值。汉画像石的内容反映了汉代社会生活、文化风俗的各个方面。匠人们具有丰富的生活经验，熟悉社会面貌与

《流云狩猎图》画像石

各种人物的思想感情，以高水平的表现技巧，准确地雕刻出各种形体，生动地刻画出人物精神。汉画像石是一部“绣像汉代史”，对于研究汉代民间生活风俗、追溯传统文化有重要的价值。

1. 明清民居中的砖雕、木雕、石雕等艺术有哪些吸引人的地方？

2. 拴马桩有哪些实用价值和艺术价值？

3. 了解、参观关中民俗艺术博物院，同学们一起交流一下自己的感受。

□ 礼俗节俗源流长

——礼俗节俗与韩城古城

礼俗是指礼仪习俗，如婚丧嫁娶、祭祀、人际交往等场合的礼节规范。风俗是指一定区域内特定人群长期形成的风气、礼节和习惯等。中华民族的礼俗与风俗是在几千年的历史长河中积淀而成的，也是一种悠久的社会文化传统。中国地域辽阔，民族众多，不同地区、不同民族之间，礼俗和风俗都存在一定的差异。但是在中国大一统的社会理念下，礼俗与风俗的主流却具有惊人的相似性和一致性，若追根溯源，都是以华夏文明为源头，发源地都在陕西这片神奇的土地上。

礼俗从周公制礼开始，就被作为一种国家宗法制度和治国理民的方式——“以礼治国”的国策，所以在民间形成了礼俗传承下来，3000年来延续不断。

中华民族的众多礼俗就是在西周时，从丰、镐二京向全国推广的。在西周的“三礼”中有一部《仪礼》，是春秋战国时期儒家士子对周朝“八礼”等礼制的汇编，记载了周代的冠、婚、丧、祭、乡、射、朝、聘等各种礼仪的具体程式和规范。《仪礼》是儒家“十三经”之一，自汉武帝“罢黜百家，独尊儒术”，使儒家思想成为中国封建社会的主流意识以后，《仪礼》也被列入读书人必读的“五经”。所

冠礼图

以，中华民族的各种复杂的礼俗不仅能够传承下来，而且流淌在人们的血脉里。

有的礼仪方式在历史上有变化，有的只是在具体环节上做些改变。在民间，影响最深的当属婚丧嫁娶之礼和祭祀之礼。比如，中国古代认为夫妇关系为“人伦之首”，婚礼有六道仪程，即纳彩、问名、纳吉、纳征、请期、亲迎，称为六礼。几千年间，六礼变化不大，只是细节和叫法上略有不同而已，如民间把请期叫作“定日子”。再如，古代婚礼中有奠雁之礼，因为雁是候鸟，古人认为它是信鸟，所以迎亲时必备。可后世没有雁可用，便以鸡代之。即使如今提倡自由恋爱，可在乡村民间依然不可缺少六礼，至少要把形式走一遍。其他很多礼仪如冠礼等在民间也还流传着。人际交往中，称呼对方需用敬辞，如“尊夫人”“令郎”“令爱”等，称自家人则用谦辞，如“拙荆”“犬子”“小女”等；有些人住的是豪宅，邀请别人来做客时依然

说“请到寒舍/敝庐一叙”。

中国自古就有重视风俗的传统，“为政必先究风俗”“观风俗，知得失”是从西周时开始的，历代封建君主都恪守这样的祖训。帝王不仅要亲自过问风俗民情，还要委派官吏考察民风民俗，作为制定国策的重要参考，并由史官载入史册，为后世治国理政留下重风俗的理念和经验。

在生活风俗中，最典型的是传统节日风俗。中国传统节日萌芽于先秦时代的巫术与禁忌，形成于西汉，转型于隋唐。今天我们视为佳节的传统节日，在古代都是非凶即恶的日子，禁忌很多，需小心提防，谨慎度过，所以称之为节。在那种极为不好的日子里，要祛邪避恶，要驱傩、放爆竹，以及举行像端午节为防蝎、蛇等五毒而系五彩

裹角黍图

长命缕、喝雄黄酒等带有巫术性质的民俗活动，而这些活动因为带有表演性和娱乐性，所以使那些日子逐渐演变成人们喜欢的佳节了。关中的社火也是这样演变而来的。后来人们还给某些节日赋予了纪念一些历史英雄人物的含义。

节日虽与民俗活动密不可分，但也与主流意识文化紧密相关，在节日风俗活动起源、发展和传承的过程中有多重文化因素。陕西关中地区是中华文明的发源地，特别是在周、秦、汉、唐的大一统盛世，在哲学思想、礼仪、风俗、天文地理、律历物候等方方面面，都形成了以长安为中心的理念。仔细查阅文献史料就会发现，春节、元宵节、上巳节、寒食节、清明节、端午节、七夕节、中秋节、重阳节……几乎所有的传统节日都发源于长安。西汉时，经司马迁等人提议，汉武帝下令改定历法，命天文学家落下闳、历官邓平等人制定了《太初历》，并把二十四节气的概念纳入历法。此后 2000 多年，

西安鼓楼二十四节气鼓

历朝历代虽多次修订历法，但对《太初历》所定的基本框架未做过大的改变。历法颁布后，为节日的定型提供了可靠的依据。

中国礼俗文化与风俗文化，是中华民族传统文化的重要组成部分，具有广泛的群众基础和历史传承的持久性，能不断增强中华民族的凝聚力、向心力和民族自豪感。从某种角度来看，礼俗文化与风俗文化在世界文化的交流中，对不同族群的人来说，比起政治、思想类的文化更具有亲和力和影响力。

基地链接

韩城古城

韩城古城始建于隋代，南临濼水，西依梁山，东北有原，山水环抱，南北东西各长约千米。千百年来，韩城古城一直保持着最传统的民俗文化。古城内，有一条明清古街道、一群古建筑、一批古民居，风貌古色古香，保护完好，是全国6个保护较好的明清古城之一。古城内，南北贯通的大街为主街道，呈龙形，长达千米，略有弯曲，如同龙身横卧；古城北边坐落着韩城现存最古老的寺院——圆觉寺，寺顶的金代宝塔如龙头昂扬；南端的古石桥如龙尾摆动。龙形主街两翼及东西南北四关，有纵横交错、曲直有序、四通八达的大小巷道72条。古城内有文庙、九郎庙、北营庙、东营庙、庆善寺、毓秀桥、城隍庙、县衙、状元府、闯王行宫等多处历史古迹。

韩城民俗博物馆一隅

名物疏解

《仪礼》

《仪礼》是“三礼”中成书较早的一部，共17篇，是春秋战国时期礼制的汇编，记载了周代的冠、婚、丧、祭、乡、射、朝、聘等礼仪。它是一部详细的礼仪制度章程，告诉人们在何种场合应该穿何种衣服，什么情况下应该站或坐在哪个位置，聚会宴饮时应该怎么做，等等。礼是儒家学说的核心部分，一直是古代贵族子弟和一般士人的必修课程。在过去的数千年里，在大多数士大夫的知识结构中，礼都是重要的组成部分。

《仪礼》中的材料来源甚古，内容也比较可靠，而且涉及面广，是研究古代社会生活的重要史料之一。书中对古代宫室、车旗、服饰、饮食、丧葬之制，以及各种礼乐器的形制、组合方式等，都记载得非常详尽。考古学家在研究上古遗址及出土器物时，经常需要以《仪礼》为参考标准。

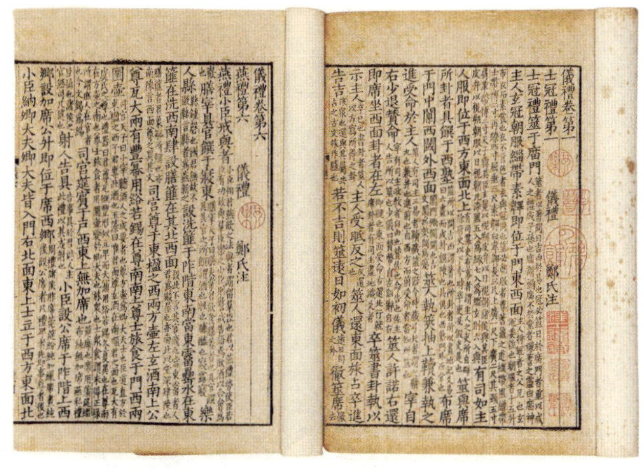
儀禮卷第一　儀禮　鄭氏注
士冠禮第一
士冠禮筮于廟門
主人玄冠朝服緇帶素韠即位于門東西面
有司如主人服即位于西方東面北上
筮與席所卦者具饌于西塾
布席于門中闑西閾外西面
筮人執筴抽上韇兼執之進受命於主人
宰自右少退贊命
筮人許諾右還即席坐西面卦者在左
卒筮書卦執以示主人
主人受眡反之
筮人還東面旅占卒進告吉
若不吉則筮遠日如初儀
徹筮席

儀禮卷第六　儀禮　鄭氏注
燕禮第六
燕禮小臣戒與者
膳宰具官饌于寢東
樂人縣
設洗篚于阼階東南當東霤罍水在東
篚在洗西南肆設膳篚在其北西面
司宮尊于東楹之西兩方壺左玄酒南上公尊瓦大兩有豐冪用綌若錫在尊南南上尊士旅食于門西兩圜壺
司宮筵賓于戶西東上無加席也
射人告具
小臣設公席于阼階上西鄉設加席公升即位于席西鄉
小臣納卿大夫卿大夫皆入門右北面東上士立于西方東面北

《仪礼》书影

二十四节气

在国际气象界，二十四节气被誉为“中国的第五大发明”，它是我国上古农耕文明的产物，每个节气都表示时候、气候、物候的不同变化。

立春、立夏、立秋、立冬：合称“四立”，表示天文学上四季的开始。但天文学上的四季与气候学上的四季是有区别的，比如立春时黄河流域却仍在隆冬。

夏至、冬至：合称“二至”，分别表示一年中白昼最长的一天和黑夜最长的一天。

春分、秋分：合称“二分”，表示在这两个日子里昼夜长短相等。

小暑、大暑、处暑、小寒、大寒：这五个节气反映了气温的变化，用来表示一年中不同时期的寒热程度。其中大暑和大寒分别是一

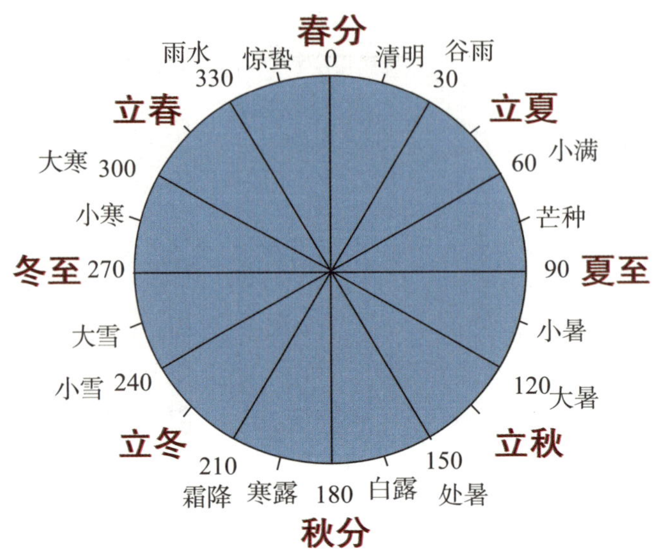

二十四节气图

年中最热和最冷的日子，而处暑则表示炎热夏天的结束，“处”在这里是终止、躲藏的意思。

雨水、谷雨、小雪、大雪：这四个节气反映了降水的时间和强度。其中谷雨特别强调雨水增多有利于谷类作物的生长，故而得名。

白露、寒露、霜降：这三个节气反映了水汽的凝结、凝华现象，间接表现出气温逐渐下降的过程和程度。气温下降，水汽出现凝结现象；气温继续下降，凝结增多且越来越凉；气温降至零摄氏度以下，水汽凝华为霜。

小满、芒种：这两个节气反映了有关作物的成熟和收成情况。小满是指夏熟作物的籽粒开始灌浆饱满，但还未成熟。芒种是指麦类等有芒作物成熟，夏种开始。

惊蛰、清明：这两个节气反映的是自然物候现象。惊蛰是指春雷乍动，惊醒了蛰伏在土中的动物。清明是指天气晴朗，空气清新明洁，草木生长茂盛。

1. 举例分析礼俗与风俗的区别。

2. 搜集有关古代礼仪的小故事，想一想我们能从中学到什么。

3. 你觉得中国礼俗与风俗文化在现代社会还有存在的价值吗？请举例说明你的观点。

参考文献

[1] [清] 阮元. 十三经注疏 [M]. 影印版. 北京：中华书局，1982.

[2] [唐] 杜佑. 通典 [M]. 北京：中华书局，1982.

[3] [北宋] 司马光. 资治通鉴 [M]. 北京：中华书局，1982.

[4] [北宋] 王溥. 唐会要 [M]. 北京：中华书局，1990.

[5] [清] 彭定求，等. 全唐诗 [M]. 北京：中华书局，1985.

[6] [元] 辛文房. 唐才子传全译 [M]. 李立朴，译注. 贵阳：贵州人民出版社，1994.

[7] [北宋] 计有功. 唐诗纪事校笺 [M]. 王仲镛，校点. 北京：中华书局，2007.

[8] [清] 王鸣盛. 十七史商榷 [M]. 上海：上海书店出版社，2005.

[9] [清] 赵翼. 廿二史札记 [M]. 北京：中国书店出版社，1987.

[10] 何清谷. 三辅黄图校注 [M]. 西安：三秦出版社，1995.

[11] 向达. 唐代长安与西域文明 [M]. 北京：生活·读书·新知三联书店，1957.

[12] 韩养民，郭兴文，等. 中国民俗史：隋唐卷 [M]. 北京：人民出版社，2008.

[13] 吴梓林，郭兴文. 秦始皇帝 [M]. 西安：西北大学出版社，1986.

[14] 中国社会科学院考古研究所. 新中国的考古发现和研究 [M]. 北京：文物出版社，1984.

[15] 陕西省地方志编纂委员会. 陕西省志·文物志 [M]. 西安：三秦出版社，1995.

[16] 曾宏根. 神秘的华胥国 [M]. 西安：西安出版社，2008.

[17] 郭兴文. 黄土文化寻根 [CD]. 西安：陕西文化音像出版社，1997.

[18] 朱士光，吴宏岐. 西安的历史变迁与发展 [M]. 西安：西安出版社，2003.

[19] 韩养民，郭兴文. 节俗史话 [M]. 北京：社会科学文献出版社，2011.

[20] 郭兴文. 中国传统婚姻风俗 [M]. 西安：陕西人民出版社，1994.

后 记

研学实践教育是教育部按照国务院将研学纳入中小学常规教育要求实施的创举，是当代的一场教育革命，是构建德育框架的重要举措。

西安市是教育部确定的首批研学试点城市之一，经过 5 年的探索与实践，总结出研学西安经验，在全国得以推广。西安市在陕西省教育厅的指导下，自承担全国中小学生研学实践教育营地重点支持项目任务以来，立足陕西地域特色，聚焦优秀传统文化、丝路文化、红色革命文化、秦岭文化、科技创新等具有代表性的文化资源，凝心聚力，不断尝试，将丰富的文化资源转化为研学实践教育课程资源。

2020 年，经历了疫情的考验，在肖云儒老先生的带领下，在诸多教育界同仁的精心打磨下，这套读本终于问世了，展现了陕西教育人的一份赤诚、一份担当。

在这里，我们要感谢参与编写的所有著作者，感谢为此出谋献策的专家学者，感谢为此做出贡献的社会各界朋友，感谢为此付出辛苦劳动的每一位编辑。

在此，我们唯愿这套读本的书香能飘满八百里秦川，弥漫祖国大地。这是我们的心声，也是全体研学实践教育营地工作者的心声。

《研学·中国（陕西）》编委会

2020 年 10 月